BuddhAll

All is Buddha.

BuddhAll.

BuddhAll

勝鬘師子吼經密意

談錫永 著

Śrīmālādevīsiṃhanādasūtra

本經對如來藏的演述，是由真實功德來建立如來藏，

因此便很適應觀修行人的觀修次第。

目　錄

後分

總序

一 說密意

本叢書的目的在於表達一些佛家經論的密意。甚麼是密意？即是「意在言外」之意。一切經論都要用言說和文字來表達，這些言說和文字只是表達的工具，並不能如實表出佛陀說經、菩薩造論的真實意，讀者若僅依言說和文字來理解經論，所得的便只是一己的理解，必須在言說與文字之外，知其真實，才能通達經論。

《入楞伽經》有偈頌言 ——

> 由於其中有分別　名身句身與文身
> 凡愚於此成計著　猶如大象溺深泥[1]

這即是說若依名身、句身、文身來理解經論，便落於虛妄分別，由是失去經論的密意、失去佛與菩薩的真實說。所以在《大涅槃經》中，佛說「四依」（依法不依人、依義不依語、依智不依識、依了義不依不了義），都是依真實而不依虛妄分別，其中的「依義不依語」，正說明讀經論須依密意而非依言說文字作理解。佛將這一點看得很嚴重，在經中更有頌言 ——

[1] 依拙譯《入楞伽經梵本新譯》，第二品，頌172。台北：全佛文化，2005。下引同。

彼隨語言作分別　　即於法性作增益
以其有所增益故　　其人當墮入地獄[2]

這個頌便是告誡學佛的人不應依言說而誹謗密意，所以在經中便有如下一段經文——

> 世尊告言：大慧，三世如來應正等覺有兩種教法義（dharma-naya），是為言說教法（deśanā-naya）、自證建立教法（siddhānta-pratyavasthāna-naya）。
>
> 云何為言說教法之方便？大慧，隨順有情心及信解，為積集種種資糧而教導經典。云何為觀修者離心所見分別之自證教法？此為自證殊勝趣境，不墮一異、俱有、俱非；離心意意識；不落理量、不落言詮；此非墮入有無二邊之外道二乘由識觀可得嚐其法味。如是我說為自證。[3]

由此可知佛的密意，即是由佛內自證所建立的教法，只不過用言說來表達而已。如來藏即是同樣的建立，如來法身不可思議、不可見聞，由是用分別心所能認知的，便只是如來法身上隨緣自顯現的識境。所以，如來法身等同自證建立教法，顯現出來的識境等同言說教法，能認知經論的密意，即如認知如來法身，若唯落於言說，那便是用「識觀」來作分別，那便是對法性作增益，增益一些識境的名言句義於法性上，那便是對佛密意的誹謗、對法性的損害。

這樣，我們便知道理解佛家經論密意的重要，若依文解

2　同上，第三品，頌 34。

3　同上，第三品，頁 151。

字，便是將識境的虛妄分別，加於無分別的佛內自證智境上，將智境增益名言句義而成分別，所以佛才會將依言說作分別看得這麼嚴重。

二　智識雙運

由上所說，我們讀經論的態度便是不落名言而知其密意，在這裡強調的是不落名言，而不是屏除名言，因為若將所有名言都去除，那便等於不讀經論。根據言說而不落言說，由是悟入經論的密意，那便是如來藏的智識雙運，亦即是文殊師利菩薩所傳的不二法門。

我們簡單一點來說智識雙運。

佛內自證智境界，名為如來法身。這裡雖說為「身」，其實只是一個境界，並非有如識境將身看成是個體。這個境界，是佛內自證的智境，所以用識境的概念根本無法認知，因此才不可見、不可聞，在《金剛經》中有偈頌說——

若以色見我　以音聲求我
是人行邪道　不能見如來

色與音聲都是識境中的顯現，若以此求見如來的法身、求見如來的佛內智境，那便是將如來的智境增益名言，是故稱為邪道。

如來法身不可見，因為遍離識境。所以說如來法身唯藉依於法身的識境而成顯現，這即是依於智識雙運而成顯現。經論的密意有如如來法身，不成顯現，唯藉依於密意的言說而成顯現，這亦是依於智識雙運而成顯現。如果唯落於言說，那便有如「以色見我，以音聲求我」。當然不能見到智境、不能見到經論的密意。不遣除言說而見密意，那便是由智識雙運而見，這在《金剛經》中亦有一頌言（義淨譯）——

應觀佛法性　即導師法身

法性非所識　故彼不能了

是即不離法性以見如來法身（導師法身），若唯落識境（言說），即便不能了知法性，所謂不離法性而見，便即是由智識雙運的境界而見，這亦即是不二法門的密意，雜染的法與清淨的法性不二，是即於智識雙運的境界中法與法性不二。

然而，智識雙運的境界，亦即是如來藏的境界，筆者常將此境界比喻為螢光屏及屏上的影像，螢光屏比喻為如來法身，即是智境；法身上有識境隨緣自顯現，可比喻為螢光屏上的影像，即是識境。我們看螢光屏上的影像時，若知有螢光屏的存在，那便知道識境不離智境而成顯現（影像不離螢光屏而成顯現），因此無須離開影像來見螢光屏（無須離開言說來見密意），只須知道螢光屏唯藉影像而成顯現（密意唯藉言說而成顯現），那便可以認識螢光屏（認識經論的密意）。這便即是「應觀佛法性，即導師法身」，也即是「四依」中的「依義不依語」、「依智不依識」、「依了義不依不了義」。

簡單一點來說，這便即是「言說與密意雙運」，因此若不識如來藏，不知智識雙運，那便不知經論的密意。

三　略說如來藏

欲知佛的密意須識如來藏，佛的密意其實亦說為如來藏。支那內學院的學者呂澂先生，在〈入楞伽經講記〉中說——

> 此經待問而說，開演自證心地法門，即就眾生與佛共同心地為言也。
>
> 自證者，謂此心地乃佛親切契合而後說，非臆測推想之言。所以說此法門者，乃佛立教之本源，眾生入道之依處。[4]

由此可見他實知《入楞伽經》的密意。其後更說——

> 四門所入，歸於一趣，即如來藏。佛學而與佛無關，何貴此學，故四門所趣必至於如來藏，此義極為重要。[5]

所謂「四門」，即《入楞伽經》所說的「八識」、「五法」、「三自性」及「二無我」，呂澂認為這四門必須歸趣入如來藏，否則即非佛學，因此他說——

> 如來藏義，非楞伽獨倡，自佛說法以來，無處不說，無經不載，但以異門立說，所謂空、無生、無二、以及無自性相，如是等名，與如來藏義原無差別。[6]

佛說法無處不說如來藏、無經不載如來藏，那便是一切

4　《呂澂佛學論著選集》卷二，頁 1217，齊魯書社，1991。下引同。

5　同上，頁 1261。

6　同上。

經的密意、依內自證智而說的密意；由種種法異門來說，如說空、無生等，那便是言說教法，由是所說四門實以如來藏為密意，四門只是言說。

呂澂如是說四門——

> **前之四法門亦皆說如來藏，何以言之？八識歸於無生，五法極至無二，三性歸於無性，二空歸於空性，是皆以異門說如來藏也。**

這樣，四門實在已經包括一切經論，由是可知無論經論由那一門來立說，都不脫離如來藏的範限。現在且一說如來藏的大意。

認識如來藏，可以分成次第 ——

一、將阿賴耶識定義為雜染的心性，將如來藏定義為清淨的心性，這樣來理解便十分簡單，可以說心受雜染即成阿賴耶識，心識清淨即成如來藏心。

二、深一層次來認識，便可以說心性本來光明清淨，由於受客塵所染，由是成為虛妄分別心，這本淨而受染的心性，便即是如來藏藏識。本來清淨光明的心性，可以稱為如來藏智境，亦可以稱為佛性。

三、如來藏智境實在是一切諸佛內自證智境界，施設名言為如來法身。如來法身不可見，唯藉識境而成顯現。這樣，藉識境而成顯現的佛內自證智境便名為如來藏。

關於第三個次第的認識，可以詳說——

如來法身唯藉識境而成顯現，這個說法，還有密意。一切情器世間，實在不能脫離智境而顯現，因為他們都要依賴如來法身的功能，這功能說為如來法身功德。所以正確地說，應該說為：如來法身上有識境隨緣自顯現，當這樣說時，便已經有兩重密意：一、如來法身有如來法身功德；二、識境雖有如來法身功德令其得以顯現，可是還要「隨緣」，亦即是隨著因緣而成顯現，此顯現既為識境，所依處則為如來法身智境，兩種境界雙運，便可以稱為「智識雙運界」。

甚麼是「雙運」？這可以比喻為手，手有手背與手掌，二者不相同，可是卻不能異離，在名言上，即說二者為「不一不異」，他們的狀態便稱為雙運。

如來法身智境上有識境隨緣自顯現，智境與識境二者不相同，可是亦不能異離，沒有一個識境可以離如來法身功德而成立，所以，便不能離如來法身而成立，因此便說為二者雙運，這即是智識雙運。

如來法身到底有甚麼功能令識境成立呢？第一，是具足周遍一切界的生機，若無生機，沒有識境可以生起，這便稱為「現分」；第二，是令一切顯現能有差別，兩個人，絕不相同，兩株樹，亦可以令人分別出來，識境具有如是差別，便是如來法身的功能，稱為「明分」，所謂「明」，即是能令人了別，了了分明。

智境有這樣的功能，識境亦有它自己的功能，那便是「隨緣」。「隨緣」的意思是依隨著緣起而成顯現。這裡所說的緣起，不是一般所說的「因緣和合」，今人說「因緣和合」，只是說一間房屋由磚瓦木石砌成；一隻茶杯由泥土瓷釉經工人燒製而成，如是等等。這裡說的是甚深緣起，名為「相礙緣起」，相礙便是條件與局限，一切事物成立，都要適應相礙，例如我們這個世間，呼吸的空氣，自然界的風雷雨電，如是等等都要適應。尤其是對時空的適應，我們是三度空間的生命，所以我們必須成為立體，然後才能夠在這世間顯現。這重緣起，說為甚深秘密，輕易不肯宣說，因為在古時候一般人很難瞭解，不過對現代人來說，這緣起便不應該是甚麼秘密了。

這樣來認識如來藏，便同時認識了智識雙運界，二者可以說為同義。於說智識雙運時，其實已經表達了文殊師利法門的「不二」。

四　結語

上來已經簡略說明密意、智識雙運與如來藏，同時亦據呂澂先生的觀點，說明「無經不載如來藏」，因此凡不是正面說如來藏的經論，都有如來藏為密意，也即是說，經論可以用法異門為言說來表達，但所表達的密意唯是如來藏（亦可以說為唯是不二法門），因此我們在讀佛典時，便應該透過法異門言說，來理解如來藏這個密意。

例如說空性，怎樣才是空性的究竟呢？如果認識如來藏，就可以這樣理解：一切識境實在以如來法身為基，藉此基上的功能而隨緣自顯現，顯現為「有」，是即說為「緣起」，緣起的意思是依緣生起，所以成為有而不是成為空。那麼，為甚麼又說「性空」呢？那是依如來法身基而說為空，因為釋迦將如來法身說為空性，比喻為虛空，還特別聲明，如來法身只能用虛空作為比喻，其餘比喻都是邪說，這樣一來，如來法身基（名為「本始基」）便是空性基，因此在其上顯現的一切識境，便只能是空性。此如以水為基的月影，只能是水性；以鏡為基的鏡影，只能是鏡性。能這樣理解性空，即是依如來藏密意而成究竟。

以此為例，即知凡說法異門實都歸趣如來藏，若不依如來藏來理解，便失去密意。因此，本叢書即依如來藏來解釋一些經論，令讀者知經論的密意。這樣來解釋經論，可以說是一個嘗試，因為這等於是用離言來解釋言說，實在並不容易。這嘗試未必成功，希望讀者能給予寶貴意見，以便改進。

談錫永

2011年5月19日七十七歲生日

別序

《勝鬘經》說如來藏

在如來藏系列經典中，《勝鬘經》是相當突出的一本。

首先，本經是由一位女居士所說，然後釋迦開許隨喜，並且稱之為「獅子吼」，即是說此為了義經，這可以說是最高的讚歎。

其次，本經對如來藏的演述，是由真實功德來建立如來藏，因此便很適應觀修行人的觀修次第。

觀修如來藏可以分三個次第。

1、將雜染心定義為世俗，清淨心定義為勝義，是即如來藏心。

2、將世間一切法定義為世俗，將如來法身功德定義為勝義，因此在心識方面，一切心識行相便是世俗，能生起功德的清淨心即是如來藏心，是為勝義。

3、將法身功德定義為世俗，將如來法身定義為勝義，法身與法身功德必然雙運，是即勝義與世俗必然雙運，這便較前面兩個次第為究竟，因為前兩個次第還是相對，不成勝義世俗雙運。

因此在心識方面，自性清淨心便即是如來法身與如來法身功德的雙運境界。由於如來法身功德能令一切識境自顯現（世俗自顯現），故可以說一切煩惱實藉如來法身功德而生，當這樣理解時，所謂煩惱的空性，其實無非亦是如來法身自性（本性），如是煩惱與法身同以本性為自性，是即可建立清淨大平等性。

本經由說如來法身功德來建立如來藏，便適應第二、第三個次第的觀修。所以本經可以視為對觀修如來藏的行人，教以抉擇見與決定見，觀修所緣境不離如來法身功德，亦即不離真實功德。

知道本經由法身真實功德建立如來藏的理趣，依此即可說本經結構。

本經的結構，分十五個主題，開首第一個主題，即說「**讚歎如來真實第一義功德**」。

經言：舍衛國波斯匿王與末利夫人生有一女名為勝鬘。王與夫人信一乘教法未久（劉宋譯為「**信法未久**」），即是信如來藏教法未久，覺得女兒根器比自己為利，因此即遣內人旃提羅持書勝鬘，書中「**略讚如來無量功德**」。勝鬘夫人果然利根，得書之後立即通達如來藏，願見世尊，於是釋迦在空中顯現，勝鬘即作頌讚歎如來藏常、樂、我、淨四種功德，這便是勝鬘說本經的緣起。

由本經緣起，便知本經主旨在於由闡述如來法身功德而說如來藏。

第二個主題是勝鬘說「**十不思議大受**」。所謂受，是受持之意，是即有如誓句。凡學深密法，須先發誓句，因為學人對深密法只能信解，未能現證，若無誓句，便易中斷。

這裡說的十大受，即是菩薩地的四重戒，此中以第十受最為重要，筆者於〈釋義〉中即有所說及。

第三個主題是發三大願，此三大願實依基、道、果而發。釋迦對此三大願作授記，說菩薩恆河沙數諸願，悉入此三大願中。由此可見這三大願的重要，對這三願，須知密意，筆者於〈釋義〉中亦已說及。

以上前分共三個主題。

以下為正分共十一個主題。

第四個主題是攝受正法。本段經文頗長，然而卻甚為重要。釋迦對攝受正法稱為大願，並說菩薩一切願都入此大願中。這說法，跟前說菩薩一切願悉入勝鬘三大願相應。這即是說，若依如來真實功德發願，願力甚大，可以涵蓋無數依法異門而發的諸願。復由於此，下文才可以成立攝受正法的重要，並且依此而成立一諦與一依。

復次，前文既說如來真實功德，並因此功德而發十受三願，這便成立了觀修如來藏的因，接著下來即應說修如來藏的道，是故即說攝受正法。

說攝受正法分為三段，亦分基、道、果而說。按印度傳規，這可以說是道的基、道的道、道的果。

第一段，說由攝受正法之願攝一切願，這是讚歎無邊正法功德之願力不可思議。後由說攝受正法願，便成立了攝受正法因，是即為攝受正法的基。

第二段，說攝受正法與法無二。經中用四譬喻來說，每一個譬喻都有密意。由四喻即可知如來藏教法能攝一切法異門，亦可以由如來藏心攝一切識境現象。

這樣說正法與法，是即成立觀修道，於道上不排除一切法異門，當然亦不應依任一法異門來誹撥正法，是即為攝受正法的道。

除此以外，這亦是說觀修如來藏心之道。關於這點，在經文〈自性清淨心〉一段，即有詳說。

第三段，說攝受正法者與所攝持之正法無異。這即是說人與法無異，是為如來藏的特說。

攝受正法的人，應視為攝受正法的果，無論攝受者成就大小，甚至小到僅能信解，他都能得到攝受的利益，只須依十受來受持，便終能成就。

由說人法無異果，便順理成章引入一乘為究竟的決定，如是轉入下文。

第五個主題是入一乘。建立一乘亦是建立觀修如來藏道。

這裡分為兩段，一是一乘之所攝；二是攝入一乘的義理。

說一乘之所攝，即是說聲聞、緣覺、菩薩乘，三乘都攝入一乘。此中又舉兩喻，用阿耨大池出八大河，比喻三乘的源頭都是如來藏；用一切種子依於大地，比喻釋迦所說一切法異門，皆由如來藏出。

說攝入一乘的義理，分為六義，詳見經文及筆者〈釋義〉所說。這段經文很長，其中最重要的是，指出二乘行人的現證不究竟，只知證空，不能生起無邊功德；又說無明住地的力最大，非二乘證智所能斷，亦非大力菩薩所能斷；更強調大平等性，說為智慧平等、解脫平等、清淨平等，這即是如來藏的根本思想，因為智境若不與識境平等，二者便不能雙運。由是總結，唯有皈依於佛始為究竟，既皈依佛，即入佛乘，佛乘即是一乘。由一乘可得究竟如來法身，因此自然有無邊真實功德。

第六個主題說無邊聖諦。聖諦即是苦、集、滅、道，此即二乘教法。然而二乘行人落於法執，是故所證便落於邊際。佛現證四諦智不落邊際，所以是無邊聖諦。由是二乘行人不能斷無明住地，唯佛無邊聖諦智能斷；二乘行人不能生起一切功德，唯佛無邊聖諦智能生起一切功德。

由上來所說種種，建立如來功德三種：本性清淨、自相任運（成就識境自顯現）、大悲周遍（周遍一切界大平等性）。甯瑪派建立「三句義」，即依此而建立。

既建立一乘與無邊聖諦，以下經文便正說如來藏。

第七個主題說如來藏。只成立如來藏是如來境界，關於如來藏種種則於下文更說。

這樣成立如來藏十分重要，因為既說為境界，便不能將之理解為人與法的個體，是即既無「人我」、亦無「法我」，只能說為一種狀態。

很奇怪的是，《勝鬘經》雖然這樣成立如來藏，可是懷疑如來藏的人，卻堅持個人的見解，一定要將如來藏看成是個體，並將之說為違反緣起。這種情形，可能是由於《勝鬘經》

中這段經文太短的原故，經文短，便不受重視。

第八個主題說如來法身，這是將法身與如來藏比較。佛內自證智境界即是如來法身；法身上有周遍一切界的識境生起，即是如來藏。所以法身只是智境，如來藏則是智識雙運界。

依種種法異門來觀修，不能現證如來法身，主要原因，是他們對聖諦的悟入取徑有誤。若始終落於識境來觀修，即使自以為已經證入識境的空性，依然不能現證如來法身，甚至連悟入如來法身都不可得。由是依觀修來說，便可以說有兩種聖諦，即「作聖諦」與「無作聖諦」。作聖諦不能圓滿四聖諦義，無作聖諦則能圓滿。這樣，便建立如來藏為究竟佛道。

第九個主題說空義隱覆真實，這主要是針對二轉法輪所說空義而說。

二轉法輪由超越緣生來說空性，所以說為「緣生性空」。對於性空，則說為「無自性空」。這即是說，對於一法，先由緣起來成立其成為有，那時的自性，便可以說是這重緣起性。然而，當這重緣起被超越之後，緣起性便被破壞了，由是這一法的自性即成為無有，如是便是「無自性」，無自性則可定義為空性。

三轉法輪由如來藏智說空則不同，如來藏智的空是建立本性自性空。一切法的自性都是如來藏智的本性，若將本性建立為空（如來藏空智），那麼，一切法的自性便當然都是空性。因此，如來藏所定義的空性，實不須依據緣起來成立。

這樣，如來藏空智便不會隱覆真實，可是二轉法輪的空智，若未能入深般若波羅蜜多時，則可能由空義來隱覆真實，二乘的空義當然更隱覆真實。

所謂空義隱覆真實，即是只知一切諸法空性，而不知空義之外尚有真實。這一點實須要由「善取空」來理解，因此筆者在此即引《小空經》及《瑜伽師地論》來說善取空。若能理解何謂善取空，便能理解經中所說兩種如來藏空性智，是即——

一、空如來藏智：如來藏與煩惱障不共住，是故煩惱可由如來藏智而空。因此這如來藏智便稱為空如來藏智，這即是菩薩觀修所證的智。

二、不空如來藏智：如來藏與如來法身功德共住，法身功德恆常，是故與如來藏智共住而不空，因此這如來藏智便稱為不空如來藏智，這即是如來具足的法爾本智。

依兩種如來藏智，由善取空，即知如來法身功德不空，是真實功德，而且恆常，這便是空義所隱覆的真實。復次，如來法身功德當然與如來法身相依，若功德真實，法身亦當然真實，所以如來法身亦是空義所隱覆的真實。

第十個主題是一諦。

釋迦說四諦，若依如來藏見，只有滅諦離有為相，是第一義諦，其餘苦、集、道三諦入有為相。若入有為相則是無常，故唯有滅諦是常，此即一諦。

建立滅諦為常，可依善取空而說。苦、集與道諦都是識境，至於滅諦則必為智境，因為一切煩惱皆由智來滅離，即使在無捨離而捨離的道法上，這無捨離便亦是智，所以滅諦便是善取空所餘的真實，由是建立為常。

依此可知，一諦的建立，實由如來藏來建立。

第十一主題是一依。

這是承接一諦而說，因為一諦，是故一依，依於勝義，依於非虛妄法。

經中用生盲比喻凡夫，不見滅諦即無所依；用七日嬰兒不見日輪比喻二乘，嬰兒只能見光，不識光的本源是日輪，二乘見空，不識空的本源是如來藏本性。一乘則不然，能依一諦、能見本性，是故可見如來法身、可見如來法身功德。

這樣便建立了一依，唯依一諦，唯依如來藏。

第十二主題是說顛倒真實。

凡夫有邊見，由相依、相對二見而成有。有邊見便成顛倒，所以執無常為常、執苦為樂、執無我為我、執不淨為淨。二乘則執無常、苦、無我、不淨，相對凡夫來說，可以說是正見，亦可稱為淨智。

但若相對於一乘來說，二乘所執亦是顛倒，由如來法身及如來法身功德，可以建立常、樂、我、淨，這不是由我執或法執而建立，實依法爾而建立，此亦即周遍法界的本然狀態（境界），無有本體，因此便不同凡夫由「人我」而建立的常、樂、我、淨；同時亦可否定二乘由「法我」而建立的無常、苦、無我、不淨。

總括來說，此即說凡夫由邊見而生顛倒，二乘則由不知一諦，不生起一切功德而生顛倒，只有如來藏究竟真實、智識雙運境界究竟真實。

第十三主題是自性清淨心，這亦是說如來藏的究竟建立。

如來藏只是一個境界，若周遍法界來說，便是佛內自證智境及其功德雙運的境界。但光是這樣說，對觀修行人沒有幫助，因為行人所修的是心識，說法界如何如何而不說心識，則行人亦無所依止，所以便要建立如來藏心，是即自性清淨心。

對自性清淨心，則由生死依如來藏而說，由是可說，一切有為法實依於如來藏，且為如來藏所持，由是建立識境。

這樣來建立識境，亦即建立有情心識，因為有情一切心行相，亦無非是識境。既然心識依如來藏，為如來藏所持，這樣便可以建立如來法身為心，同時亦可以建立如來法身功德為心，心即是一。心的本性是如來法身，但由如來法身功德即可以顯現一切心行相。能這樣理解，便知何謂如來藏心，何謂自性清淨心。

由此即可說如來藏心離本際、離生滅、離因緣。然而此心凡夫不識，二乘不知，大力菩薩亦未究竟，他們或有顛倒，或有空義隱覆真實，所以如來藏心便不顯露。

如來藏心的顯露，須由本覺而知。所謂本覺，即是離一切名言與句義的覺受，亦即無作的覺受。觀修如來藏的行人所修的，便是令本覺生起，從而令如來藏心顯露。所以說如來藏是法界藏、法身藏、出世間上上藏、自性清淨藏。至於名言句義等分別，則是客塵煩惱，是客非主，所以可以盡除。

第十四主題說如來真子。

勝鬘說法已，釋迦隨喜，並說弟子若能隨順，由五種隨順法智，即能善巧方便觀如來藏成就，是即如來真子，因為能得入大乘道因。

對於五種隨順法智，筆者於〈釋義〉中已有解說，此處不贅。

最後，勝鬘說三種人能對深法不自毀傷，入大乘道。又說諸餘眾生會違背正法，那便是說如來藏教法深密，容易招謗。這可以說是對深密法的危機感，我們今日須深自警惕。

第十五主題說勝鬘獅子吼，是為結分，亦可說為囑咐，經義隨文易知。筆者於〈釋義〉中亦已細說，於此不贅。

總結本經，由如來真實功德說起，然後歸結至如來藏。對於如來藏，依本經所說，可歸納為以下五事——

1、如來藏只是境界，不是個體，但這個境界亦有功能，說為如來法身功德。

2、如來藏可說為智識雙運境。所謂雙運，即是智境無變易（不因識境而受污染）、識境無異離（識境中一切法都不離智境）。

3、如來藏有常、樂、我、淨四種功德，皆為法爾，亦即是如來藏境界自然而有的功能，無可評論。

4、如來藏智識雙運境中，若分別智境識境來說，智境當然遠離緣起，因為如來法身不可能落於識境的緣起，但識境則不離緣起，所以說識境隨緣自顯現。由於是隨緣起而自顯現，所以於雙運境中，亦不能說斷離緣起。

5、如來藏境界具清淨大平等性。先說清淨，智境即是如來法身，所以法爾清淨；識境依於智境，所以識境中一切法，本性清淨。

至於大平等性，說為三種：一者、識境中一切界平等，而且是超越時空的平等，因為都是本性自性；二者、以本性自性故，所以智境與識境平等，由是可以說佛與眾生平等；三者、如來法身功德平等，周遍一切界的識境，都可平等地依如來法身功德而成立。功德無有分別，無論甚麼時空的識境，都必須依現分（生機）、明分（區別）而成立。

由上來所說，便知欲入一乘，欲觀修如來藏，須先由認識如來真實功德入手，這是觀修的關鍵。勝鬘說三種人可以領受如來藏，便即是依其是否能領受如來真實功德而說。釋迦囑咐帝釋與阿難，其實亦依此而說，所以說本經是「甚深微妙大功德聚」。

由於雙運，如來藏教法實在是甚深辯證法，期望這教法能發揚光大，令人咸知佛家究竟見，不陷入唯心。

談錫永

2012年8月

引言

引言

《勝鬘經》在漢地有三個譯本——

1·六朝劉宋求那跋陀羅（Guṇabhadra，功德賢394-468）譯，全稱《勝鬘獅子吼一乘大方便方廣經》。（簡稱劉宋譯）

2·北涼梁曇無讖（Dharmarakṣa，法豐385-433）譯，《勝鬘經》。已佚。

3·唐菩提流志（Bodhiruci，覺愛562-727，世壽166歲）譯，《大寶積經·勝鬘夫人會》。（簡稱唐譯）

三個譯本以劉宋譯最為真實，唐譯則時有誤解，所以現在就根據劉宋譯來說本經，於說時並參考藏譯。

藏譯名 *Lha mo dpal 'phreng seng ge'i nga ros zhas pa'i mdo*，可譯漢為《聖勝鬘夫人獅子吼大乘經》。譯者為勝友（Jinamitra）、天王菩提（Surendrabodhi）、智經（Ye shes sde）。本經的梵本已佚，比對藏譯經題可還原為*Ārya Śrīmālādevīsiṃhanāda-nāma-mahāyānasūtra*。劉宋譯加「大方便方廣」為題，應為譯者所加，求那跋陀羅譯經，時依己意修改經題。

現在解釋經題，即依《勝鬘夫人獅子吼大乘經》此題而解。

經題用「獅子吼」（siṃhanāda）一詞，實有密意。凡是佛經講如來藏，講了義大中觀，就一定會用「師子吼」這個名言。除此以外，就不能用獅子吼了。這可以說是佛講經的一個軌範。

獅子吼一詞作經題，即是說，佛於此時所說的法，是一個最究竟、最了義的法。因為是最了義，所以就無可諍論。用獅子咆嘯的聲音來形容這本經，就是形容此經無可諍論。有如於獅子咆嘯時，群獸懾服。

那麼，甚麼叫「一乘」呢？一乘的意思就是佛乘，亦即三乘歸於一乘的一乘（一佛乘），有時又說名為無上一乘。佛乘所講的正好就是釋迦所說的如來藏，法異門則有文殊師利所說的不二法門。這是佛及菩薩之所說，除佛菩薩外，還有居士所說，那便是《維摩詰所說經》和本經了。說《維摩》的是男居士，本經則是女居士所說。

觀修如來藏的教法，名為無上瑜伽，跟彌勒瑜伽行相應。從見地上來命名，這無上瑜伽可以稱為「瑜伽行中觀」；若從相上來命名，甯瑪派即稱此無上瑜伽為「大圓滿」。不過這些名相並非由釋迦建立，而是由有成就的大修行者，為教授觀修而作言說上的建立。但是，釋迦於說一乘教法時，實在亦已說瑜伽行，所以在三轉法輪的經典中，釋迦既依見地施設如來藏，亦依觀修施設瑜伽行，這便是釋迦有說、有修、有證的作風。

近時有些唯識學人，認為三轉法輪的經典主要是說唯識，而且說得比陳那菩薩粗糙，說如來藏只是為了開引外道，所以如來藏說不成體系。這種知見，實在是對三轉法輪的誹謗。於三轉法輪說唯識，只是於說瑜伽行時而說，亦即將唯識附從於瑜伽行之內。觀修如來藏的瑜伽行，先由心識境界起修，然後無捨離而捨離心識境界，由是分別得到十地以至佛地的證智，唯識便是觀修心識境界之所須。因此，如來藏教法必須說及唯識。先依唯識，然後超越唯識，這即是轉識成智，亦即瑜伽行所說的轉依，必須弄清楚這點，然後才能瞭解唯識與如來藏的關係。能得瞭解，才能全面瞭解一乘，不落偏見。

為了說清楚這問題，還可以舉一個比喻。依唯識觀修，有如學懂掘地；依如來藏教法觀修瑜伽行，則有如着意發掘四重寶藏，這即是《聖入無分別總持經》之所說。掘地只是方法，知道掘四重寶藏才是見地。持方法來否定見地，必然大錯，所以民國初年的唯識學者從來不否定如來藏，因為他們既知道掘寶藏，便能瞭解掘地只是方法，只是為掘寶藏而施設的方便。

關於勝鬘夫人（Śrimālā），她在佛經裡面是一個很出名的人物。勝鬘夫人的父親是舍衛國的國王。舍衛國在印度當時是一個大國，勝鬘夫人的爸爸叫波斯匿王（Prasenajit）。

可是更有名的就是勝鬘夫人的媽媽了。勝鬘夫人的媽媽叫末利夫人（Mallikā）。有一個故事即是專說末利夫人。末利夫人是一個婢女，而且是平民家的婢女。有一天末利夫人做了一個夢，夢見自己會做國王的夫人。果然有一天波斯匿王去打獵，打獵的時候口渴了，就到民家去要茶。末利夫人當時還是婢女，就送茶給波斯匿王。波斯匿王見到末利夫人容貌端正，氣質很好，就把她收為妃子。那為甚麼稱為末利呢？故事是這麼說了，就說末利夫人在當婢女的時候，她看守的花園名叫末利園，所以當了國王夫人之後，即依其出身稱為末利夫人。

依《大法鼓經》所說，波斯匿王及末利夫人所信的佛法，為涅槃法，此即一乘教法。當時勝鬘夫人則信小乘化地部的教法，所以才有本經所說的化度因緣。

本經所講的勝鬘夫人，喜歡用很多花鬘來作裝飾，視之為法界的莊嚴，因此便稱為勝鬘。相傳勝鬘夫人嫁給阿踰闍國（Ayodhyā）的友稱王，因受父母的影響，故而皈依佛教化地部。她供養五百個學者，稱之為福田學者。意思是說供養這些學者等於自己造福自己，所以叫福田。

福田學者每一個門派都有，因此勝鬘夫人聽了很多門派的哲學，包括外道的哲學，使自己混亂不堪。有一個故事說，有一天比丘愚到勝鬘夫人家去化緣，勝鬘夫人一看是一個比丘，就把比丘愚拉住，問他很多問題。勝鬘夫人想將所有關於外道和佛法的問題都向他請教。可是當勝鬘夫人提出一個問題，問到底是不是這樣的時候，比丘愚就搖一搖頭。勝鬘夫人問了差不多七、八十個問題，比丘愚都是搖頭。勝鬘夫人就不問了，便說：「今天請你在我家接受供養吧。」然後就離開了。

比丘愚在勝鬘夫人家住了一天。第二天勝鬘夫人出來對他頂禮，並說，我心中有很多問題，我昨天問你，你把我的問題一一否定，所以昨天我睡覺的時候就想，為甚麼你否定我所問的東西呢？我終於想明白了，因為我所問的都是不究竟的法，究竟的法就是把這些東西通通都否定掉就對了。勝鬘夫人因此對比丘愚作大供養。

比丘愚後來回到自己的僧團。其他的比丘就問他，你為甚麼這麼厲害，能讓勝鬘夫人作大供養。比丘愚就說：那裡是，只是因為我小便很急，她問我問題時，我忍不住打尿顫，不斷地打，所以她便以為我在搖頭，其實她說甚麼，我根本沒有聽到。

這個故事其實有很深刻的含義。就是說很多東西，很多識境中（我們的現實世界）的東西，我們使勁去思考它，無論是肯定還是否定，都是錯的。因為這些東西根本就屬於智識雙運界，是智境中顯現出來的，原來就超越了我們的心識思維與分別。所以我們若對之肯定，那便是墮入心識的層次。可是，我們亦不能對之作簡單的否定，因為他們在識境中絕對真實，所以這否定亦應受到否定。這樣，就是佛家所說的「非有非非有」了。

故事中勝鬘夫人向比丘愚問法，只見他在搖頭，以為他是否定自己的肯定、否定自己的否定，並由是而得入正見。諷刺的是，比丘愚其實只是打一個哆嗦而已，他連勝鬘提出的問題都沒有聽到，亦不是故意不聽，這真的可以說是無捨離而捨離，捨離言說，然而比丘愚卻又連作意離言亦不是。所以這個故事，實在耐人尋味。

對於許多佛經中的故事，我們實在都要瞭解故事背後的密意，並不能輕輕付諸一笑。

現在回說經題，整個經題 ——《勝鬘夫人獅子吼大乘經》，所包涵的密意便是，勝鬘夫人依一乘教法的方便施設，來演說究竟了義的一乘佛法。一乘佛法可以統攝三乘，可以統攝一切法異門，有如獅子吼可以統攝群獸的吼聲。

這本經是由一位女居士來說法，即顯示大平等性。佛經應由佛說，如今由居士來說，得佛認可，是即居士之所說等同佛說；古代男女不平等，釋迦隨順世間，於說小乘法的時候，有說女人要轉為男身才可以成佛，所以由女居士來演繹如來密意的經，便等於說女身亦可成佛。在本經中，勝鬘夫人的地位，甚至比維摩詰居士還要殊勝，因為維摩還是一位男居士，勝鬘則是女居士。勝鬘說法，有如無相而說，無相而顯示為相，而且還顯示為女人相，如來藏的密意已昭然若揭。如來法身無相，但卻可以隨緣顯現為識境，由是而成有相，有相而隨緣，是則如來法身示現為女人相又有何不可。勝鬘的示現即是此義。於此中已等於顯示了心性與法性雙運，而且是大平等雙運，因為法性雖然無相，但心性則必然有相。

本經第十五品，說十五種受持，這即是本經的內容，由是本經亦可以分為十五個段落，茲依經文將之分別排列如下——

1・讚歎如來真實第一義功德，如是受持。

2・不思議大受，如是受持。

3・一切願攝大願，如是受持。

4・說不思議攝受正法，如是受持。

5・說入一乘，如是受持。

6・說無邊聖諦，如是受持。

7・說如來藏，如是受持。

8・說法身，如是受持。

9・說空義隱覆真實，如是受持。

10・說一諦，如是受持。

11・說常住安隱一依，如是受持。

12．說顛倒真實，如是受持。

13．說自性清淨心隱覆，如是受持。

14．說如來真子，如是受持。

15．說勝鬘夫人師子吼，如是受持。

劉宋譯在西元五世紀初，這時還是龍樹教法的流行年代，於此時期，龍樹的如來藏教法早已廣弘，此見於多羅那他《印度佛教史》所說。由本經的繙譯年代，亦可以作為旁證，五世紀時繙譯本經，便說明本經並不是五世紀時才流行，所以廣說一乘如來藏的經典，極可能在三世紀時已經弘播，這便跟多羅那他所說相合。

此外，我們不能將弘播時期與說法時期等同，釋迦說法，雖說而未即時廣弘，這情形甚多，譬如二轉法輪時的理趣般若，廣弘的時期，恐怕已在西元三世紀。其他法門的傳播亦然如是，即如密乘的法，先廣弘下三部密，此時並不等於無上密不存在。必須如此理解，對經法才能不生誹謗。倘如說，如來藏是由後人發展出來，而且分別為初期、中期、後期的如來藏思想，那便是認為釋迦對自己所說的法門仍未澈底理解，他只是施設如來藏這個名言，還要後人來慢慢發展如來藏思想。這種將佛家教法等同科學發明的態度，自以為可以跟西洋哲學比附，可是卻忘記了釋迦所證的是一切種智。

其實可以說，正說如來藏的經典，最早的還是文殊師利經典系列，亦即妙吉祥不二法門。講不二法門的經繙譯得更早，就證明這些講如來藏的經流行得更早，可能在西元一世紀前，就已經非常流行了，因為說不二法門的經，跟般若系列經典是差不多同一個時期被推廣出來。

由是如來藏的學說，可以看成是龍樹所說的大中觀，此如龍樹在《七十空性論》、《法界讚》、《菩提心釋》中所說。現在有人把了義大中觀說成是西元七世紀時才出現的法門，即是將佛家教法等同西方科學發明的謬說。

同時，西方學者說瑜伽行中觀，是把瑜伽行與中觀結合起來，這說法雖然有人接受，但卻只是依自己曲解的宗見，只是依名取義的推理，在經典中沒有根據。如果瞭解如來藏教法，便知道所謂瑜伽行中觀，其實是依大中觀見來修瑜伽行，其見修必須如此配合才能說是觀修如來藏。那即是說，如果想觀修如來藏，則必須依瑜伽行中觀而作觀修，是故便不能依名取義，將瑜伽行中觀看成是瑜伽行外加中觀。

以上所談，對理解本經應有幫助。

正文

前分

一・如來真實功德

【劉宋譯】 **如是我聞，一時佛住舍衛國祇樹給孤獨園，時波斯匿王及末利夫人，信法未久，共相謂言：勝鬘夫人是我之女，聰慧利根通敏易悟，若見佛者，必速解法心得無疑，宜時遣信發其道意。夫人白言：今正是時。**

【唐譯】 如是我聞，一時佛在舍衛國祇樹給孤獨園，時憍薩羅波斯匿王及末利夫人，初證法已，共相謂言：我女勝鬘，慈晤聰愍多聞智慧，若見如來，於甚深法速能解了無諸疑惑，我今應當令善諭者發其誠信。

【釋義】 《勝鬘獅子吼經》一開始便說「**如是我聞**」，這是大乘佛經的一個常見的結構。「如是我聞」稱為證信，因為諸經都由阿難尊者記誦。說「如是我聞」，即是阿難尊者的證信：我之所聞，實為如是。

「**如是我聞**」證信之後，就說到當時波斯匿王及末利夫人兩人證一乘佛法未久，他們想到自己的女兒，覺得自己的女兒還年輕，且聰慧利根通敏易悟，如果她得以見到一乘佛法，就一定比他們自己更容易領悟。

以上所說，即為本經的說法因緣。

【劉宋譯】 王及夫人與勝鬘書，略讚如來無量功德。即遣內人名旃提羅，使人奉書至阿踰闍國，入其宮內敬授勝鬘。勝鬘得書歡喜頂受，讀誦受持，生希有心，向旃提羅而說偈言：

我聞佛音聲　世所未曾有
所言真實者　應當修供養
仰惟佛世尊　普為世間出
亦應垂哀愍　必令我得見

即生此念時　佛於空中現
普放淨光明　顯示無比身

勝鬘及眷屬　頭面接足禮
咸以清淨心　歎佛實功德
如來妙色身　世間無與等
無比不思議　是故今敬禮
如來色無盡　智慧亦復然
一切法常住　是故我歸依
降伏心過惡　及與身四種
已到難伏地　是故禮法王
知一切爾焰　智慧身自在
攝持一切法　是故今敬禮
敬禮過稱量　敬禮無譬類
敬禮無邊法　敬禮難思議
哀愍覆護我　令法種增長
此世及後生　願佛常攝受

我久安立汝　前世已開覺
今復攝受汝　未來生亦然

我已作功德　現在及餘世
如是眾善本　唯願見攝受

【唐譯】 作是議已，王及夫人即便作書，稱揚如來真實功德，時遣一使名真提羅，奉持王書詣無鬪城，授勝鬘夫人。時勝鬘夫人，發書尋繹，頂受忻慶生希有心，向真提羅而說偈言：

我聞如來聲　世間頗難遇
斯言若真實　當賜汝衣服
若彼佛世尊　為利世間現
必應見哀愍　令我覩真相

言念須臾頃　佛於虛空中
現不思議身　普放大光明

勝鬘及眷屬　皆悉來集會
合掌瞻仰禮　稱讚大導師
如來妙色身　世間無與等
無比不思議　是故今敬禮
如來色無盡　智慧亦復然
一切法常住　是故我歸依
善調心過惡　及與身四種
到不思議地　故我今敬禮
知諸爾炎法　智身無罣礙
於法無忘失　故我今敬禮
稽首過稱量　稽首無倫等
稽首法自在　稽首超思惟
哀愍覆護我　令法種增長
逮及最後身　常在如來前
我所修福業　此世及餘生
由斯善根力　願佛恆攝受

【釋義】 波斯匿王及末利夫人因此就讓一個叫旃提羅的人去見勝鬘，書中應當說及一乘佛法及其要點，所以勝鬘夫人見了，才會心生歡喜，對佛作供養。

勝鬘夫人的頌其實也就是供養。勝鬘夫人的父母讓她學一乘佛法，勝鬘夫人就由此一乘佛法，感悟佛悲愍眾生，我若對此一乘佛法生信，是即必能見佛。勝鬘夫人一生此念，佛就在空中出現了。在這裡，勝鬘夫人自念必能見佛，未必是想見到佛的色相，通達一乘教法即可以說是見如來法身，然而經中，卻說其所見為佛的妙色身了。關於這點，亦有密意，此於下來當說。

於是，「**勝鬘及眷屬，頭面接足禮。**」這便是頂禮佛足，是為印度最尊敬的頂禮。以此頂禮，由清淨心讚歎如來真實功德。

悟入如來真實功德，是觀修如來藏所必須。行者住在識境，若直接悟入智境並不容易，是故先須悟入如來真實功德。此如住在螢光屏影像世界的人，很難知道螢光屏的存在，但要知道螢光屏的功能卻比較容易，當能知道螢光屏的功能得令影像世界顯現時，便可以由螢光屏的功能得知螢光屏的存在。以此為喻，即知行者須先悟入如來真實功德，然後才能悟入如來法身（智境）。

如來法身真實功德有四種——

一、「**如來妙色身，世間無與等，無比不思議，**

是故今敬禮。」這個頌是讚歎如來的色身，但同時亦讚歎如來的法身。如來法身不成顯現，因為已離世間的識境，是故即非識境中的人所能認知。然而，這法身卻可以藉色身而成顯現。色身有二：一為化身，一為報身。我們的世間，一切眾生及一切法均為化身顯現；諸佛淨土，其情器世間即為報身顯現。化身報身的顯現都可以說為識境的顯現，其所顯現可以稱為「妙色」。說「世間無與等」，只是處下位的世間對處上位世間的稱讚，若實質而言，我們的世間其實亦是妙色，假如地獄中人看我們的世間，那就必然讚歎為妙色無疑。

然而進一步來說，「如來妙色身」的密意實說如來藏義，色身是識境，因識境依於智境而成顯現，故此色身即可依智而說為妙，是即如來藏的智境與識境雙運義。若依智識雙運而見識境，則此識境便可以說為「世間無與等，無比不思議。」因為相對來說，世間有情只依心識來見世間，現在悟入一佛乘，便能離有情的心識而見世間，所見雖為同一世間，但見地即有不同。今勝鬘夫人之所見，既由智識雙運而見，所見自然無與等倫。這即可以說為頌文的密意。

這個頌，是說如來法身真實功德可以成就世間，一切世間都在此功德中任運圓成，這可以說如來法身功德即是生機，以具有生機故，一切世間才能依如來法身而成顯現。

這項功德，可以說為大悲，亦可以說為大樂。

二、「**如來色無盡，智慧亦復然，一切法常住，是故我歸依。**」這個頌是讚歎如來法身周遍，如來法身功德亦當然周遍，以周遍故，即可以說智境無盡，識境無盡。這無盡功德一定恆常，因為我們不能說如來法身會斷滅，法身不斷滅，他的功德自然也不斷滅，由法身功德所成的世間，自然亦不能說有斷滅，因此說一切法常住。說一切法常住並非否定識境的生滅現象，只是說如來法身功德無盡。

這項功德，可以說為常。

三、「**降伏心過惡，及與身四種，已到難伏地，是故禮法王。**」這個頌是讚歎如來法身功德能作調伏。一切有情成立自我，都由心以及四大種身而成立，由心成立受想行識四蘊，由四大種身成立色蘊。由此五蘊成立自我，實在是由分別成立自我，由於有分別，因此即有我與我所。

所謂調伏，其實即是去除分別。行者住在識境中，實在不能脫離對事物作分別，不過，識境中的分別，實基於識境中的名言與句義而起，因此，若能名言句義盡，則識境的分別同時亦盡。此時，人對一切法的區別便可稱為了別，而不說為分別。這種了別，在如來法身功德中稱為明分，行者得現證明分（亦即能名言句義盡而了別一切法），便住入明空境界。於此時際，周遍一切法大平等，由離分別而得平等，如是如來法身連同法身上顯現的一切識境，悉皆平等，以平等故，以無分別故，即可以稱為大我。

這項功德，可以說為我。

四、「**知一切爾焰，智慧身自在，攝持一切法，是故今敬禮。**」這個頌是稱讚如來法身為佛內自證智境。頌中所說的「**爾焰**」，為梵文 jñeya 的音譯，意為境界，特別指智慧的境界。說「一切爾焰」，即說佛的一切種智；說「**智慧身**」，即說如來法身。周遍一切界的識境，都在如來法身上隨緣自顯現，因此便說智境「**攝持一切法**」。

由於智境攝持一切識境，所以一切識境的自性必然即是智境的自性，此如螢光屏上影像的自性，必然即是螢光屏的自性，此即稱為「本性自性」。如來法身當然清淨，是故一切識境的自性亦必然清淨，亦可以說一切諸法本性自性清淨。

這項功德，可以說為淨。

上來所說如來法身四種真實功德，即是如來藏的四種功德，分別為樂、常、我、淨。

以下頌文即請佛攝受。

「**我久安立汝**」一頌為釋迦牟尼的答頌。說已久安立，即非現時才安立。下文說「**前世已開覺，今復攝受汝，未來生亦然。**」這亦同一意思。佛安立有情，令有情開覺，實超越三時。為甚麼可以超越三時？因為一切有情本具佛性，心性亦本為覺性，由於有情的心性為名言句義所蔽，由是而起分別，是故佛性即不顯露，覺性亦依分別而成為分別心，然而佛性與覺性依然具在，並不因受污染而消失，所以可以由離分別而令覺性與佛性顯露。只是顯露，並非新得，所以佛即稱為「開覺」。

二・十受

【劉宋譯】爾時，勝鬘及諸眷屬，頭面禮佛。佛於眾中即為受記：汝歎如來真實功德，以此善根，當於無量阿僧祇劫，天人之中為自在王，一切生處，常得見我，現前讚歎如今無異。當復供養無量阿僧祇佛，過二萬阿僧祇劫，當得作佛，號普光如來應正遍知。彼佛國土，無諸惡趣、老病衰惱、不適意苦、亦無不善惡業道名。彼國眾生、色力壽命五欲眾具，皆悉快樂勝於他化自在諸天。彼諸眾生，純一大乘，諸有修習善根眾生皆集於彼。勝鬘夫人得受記時，無量眾生諸天及人願生彼國，世尊悉記皆當往生。

【唐譯】 時勝鬘夫人說此偈已，及諸眷屬一切大眾，頂禮佛足。爾時，世尊即為勝鬘而說偈言：

我昔為菩提　曾已開示汝
今復值遇我　及來世亦然

說此偈已，即於會中，授勝鬘夫人阿耨多羅三藐三菩提記，汝今稱歎如來殊勝功德，以此善根，當於無量阿僧祇劫，天人之中為自在王，諸所受用皆悉具足，所生之處常得遇我，現前稱歎如今無異，復當供養無量無數諸佛世尊，過二萬阿僧祇劫，當得作佛，號曰普光如來應正等覺，彼佛國土無諸惡趣衰老病苦，亦無不善惡業道名，其中眾生形色端嚴，具五妙境純受快樂，蔽於他化自在諸天，彼諸眾生皆趣大乘，諸有如是學大乘者，悉來生彼。時勝鬘夫人得授記已，無量天人心懷踊躍，咸願往生彼佛世界，是時世尊皆與授記當生彼國。

【釋義】 勝鬘夫人及諸眷屬，既見如來妙色身，即向之頂禮，於是佛即對勝鬘夫人授記。所謂授記（vyākaraṇa），即是對成佛的預言。今佛預言勝鬘夫人先成人天中的自在王，供養無量無數諸佛，經二萬阿僧祇劫而成佛。佛的名號，漢譯為「普光」，若依藏譯，則可還原梵文為 samantabhadra，此梵字通常譯為「普賢」，意指大悲周遍，是即依如來法身而成立的識境周遍，此亦即如來藏義。依此佛號，即是說，勝鬘夫人當由現證如來藏而得成佛。

【劉宋譯】 爾時，勝鬘聞受記已，恭敬而立受十大受。

【唐譯】 時勝鬘夫人聞佛記已，於如來前合掌而立，發十弘誓，作如是言：

【釋義】 佛授記後，勝鬘夫人即發十受。受，即是誓，依誓受持，所以在這裡勝鬘夫人所發的十受，即有依誓受持佛法之意，由受持義，故可將誓譯為受，這是很好的繙譯。

十受之中，以最後一受，「攝受正法」為根本，其餘九受可以視為支分。亦即唯能受此九受，才可以圓成攝受正法一受。

【劉宋譯】 世尊，我從今日乃至菩提，於所受戒不起犯心。

【唐譯】 世尊，我從今日乃至菩提，於諸受戒不起犯心。

【釋義】 勝鬘夫人的十受，實依《瑜伽菩薩地戒品》，根本四重戒為：自讚毀他；悋惜財法；損惱有情；毀法崇邪。此說甚合，今即依此而說。

勝鬘的第一受，誓言守所受戒，是即十受之總說。

【劉宋譯】 **世尊，我從今日乃至菩提，於諸尊長不起慢心。**

世尊，我從今日乃至菩提，於諸眾生不起恚心。

世尊，我從今日乃至菩提，於他身色及外眾具不起疾心。

【唐譯】 世尊，我從今日乃至菩提，於諸師長不起慢心。

世尊，我從今日乃至菩提，於諸眾生不起恚心。

世尊，我從今日乃至菩提，於諸勝已及諸勝事，不起妬心。

【釋義】 此三受即是不「自讚毀他」。

【劉宋譯】 **世尊，我從今日乃至菩提，於內外法不起慳心。**

世尊，我從今日乃至菩提，不自為己受畜財物，凡有所受，悉為成熟貧苦眾生。

世尊，我從今日乃至菩提，不自為己行四攝法，為一切眾生故，以不愛染心、無厭足心、無罣礙心、攝受眾生。

世尊，我從今日乃至菩提，若見孤獨、幽繫、疾病、種種厄難、困苦眾生，終不暫捨，必欲安隱，以義饒益令脫眾苦，然後乃捨。

【唐譯】 世尊，我從今日乃至菩提，雖有少食不起慳心。

世尊，我從今日乃至菩提，不自為己受畜財物，凡有所受為濟貧苦有情之類。

世尊，我從今日乃至菩提，不求恩報行四攝事，無貪利心，無厭足心，無限礙心，攝受眾生。

世尊，我從今日乃至菩提，見諸眾生無有依怙，幽繫疾惱種種危厄，終不捨離必願安隱，以善饒益令免眾苦。

【釋義】　此四受即是不「悋惜財法」。

第七受說的四攝，即布施、愛語、利行、同事。菩薩行此四事攝受眾生。

【劉宋譯】 **世尊，我從今日乃至菩提，若見捕養眾、惡律儀及諸犯戒終不棄捨，我得力時，於彼彼處見此眾生，應折伏者而折伏之，應攝受者而攝受之。何以故？以折伏攝受故令法久住。法久住者，天人充滿、惡道減少，能於如來所轉法輪而得隨轉，見是利故，救攝不捨。**

【唐譯】 世尊，我從今日乃至菩提，若見一切諸惡律儀，毀犯如來清淨禁戒，凡我所攝城邑聚落，應調伏者而調伏之，應攝受者而攝受之。何以故？以調伏攝受故，則正法久住，正法久住故，天人充滿、惡道減少，能令如來法輪常轉。

【釋義】 此大受即不「損惱有情」而饒益有情。

【劉宋譯】 **世尊，我從今日乃至菩提，攝受正法終不忘失。何以故？忘失法者則忘大乘；忘大乘者，則忘波羅蜜；忘波羅蜜者，則不欲大乘；若菩薩不決定大乘者，則不能得攝受正法欲，隨所樂入，永不堪任越凡夫地。我見如是無量大過，又見未來攝受正法菩薩摩訶薩，無量福利，故受此大受。**

【唐譯】 世尊，我從今日乃至菩提，攝受正法終不忘失。何以故？忘失正法則忘大乘，忘大乘者則忘波羅蜜，忘波羅蜜者則捨大乘，若諸菩薩，有於大乘不決定者，攝受正法則不堅固，便不堪任超凡夫境，則為大失。世尊，現在未來，攝受正法諸菩薩等，具足無邊廣大利益，發斯弘誓。

【釋義】 此最後一受即不「毀法崇邪」而攝受正法。

在這裡，說及攝受正法的功德。

經文說：若忘失正法則忘失大乘，若忘失大乘則忘失波羅蜜多。這即是說，若忘失如來藏，則連二轉法輪所說的波羅蜜多亦不可得。是知攝受正法的功德，即在於連二轉法輪的教法亦可受持。

所以此處所說的十受，不但是證入如來藏的根本，亦是證入佛說一切法異門的根本。所以能成為根本，正由於受持正法，由此即有攝受正法的功德生起。

依此理解，便可以引起下文說「攝受正法」此一主題。

【劉宋譯】 **法主世尊，現為我證，唯佛世尊現前證知，而諸眾生善根微薄，或起疑網，以十大受極難度故，彼或長夜非義饒益不得安樂，為安彼故，今於佛前說誠實誓，我受此十大受如說行者，以此誓故於大眾中，當雨天花出天妙音。說是語時，於虛空中，雨眾天花出妙聲言。如是，如是，如汝所說，真實無異。彼見妙花及聞音聲，一切眾會疑惑悉除，喜踴無量而發願言，恆與勝鬘常共俱會，同其所行。世尊悉記一切大眾如其所願。**

【唐譯】 聖主世尊雖復證知，而諸有情善根微薄，或起疑網，以十弘誓難成就故，彼或長夜習不善法，受諸苦惱，為欲利益如斯眾生，今於佛前發誠實誓。世尊，我今發此十弘誓願，若實不虛，於大眾上，當雨天花出天妙音。勝鬘夫人於如來前作斯言已，時虛空中即雨天花出天妙音，歎言：善哉勝鬘夫人，如汝所說真實無異。爾時，眾會既覩斯瑞，無諸疑惑，生大歡喜，同聲唱言：願與勝鬘夫人所生之處同其願行。時佛世尊悉記大眾如其所願。

【釋義】 勝鬘夫人發十大受後，請佛作證，此十大受為誠實誓。請佛作證的目的，是令眾生知道，必須以十大受為根本，然後才可以攝受正法、觀修正法、護持正法，若無佛作證，則眾生可能對此十大受輕慢，甚至生疑。於是虛空中即雨天花出微妙音，為勝鬘夫人的十大受作證。與會諸眾，都願跟勝鬘夫人一起，依此受持而行。由是引發下文所說的三願。

三・三願

【劉宋譯】 **爾時，勝鬘復於佛前發三大願而作是言，以此實願安隱無量無邊眾生：以此善根於一切生得正法智，是名第一大願；我得正法智已，以無厭心為眾生說，是名第二大願；我於攝受正法，捨身命財護持正法，是名第三大願。爾時，世尊即記勝鬘，三大誓願如一切色悉入空界，如是菩薩恆沙諸願，皆悉入此三大願中，此三願者真實廣大。**

【唐譯】 爾時，勝鬘夫人復於佛前發三弘願，以茲願力，利益無邊諸有情類。第一願者，以我善根，於一切生得正法智；第二願者，若我所生得正智已，為諸眾生演說無倦；第三願者，我為攝受護持正法，於所生身不惜軀命。爾時，世尊聞斯願已，告勝鬘言：如一切色悉入空界，如是菩薩恆沙諸願悉入茲願，此三願者真實廣大。

【釋義】 上來所發十大受，亦可以說是持戒，以誓能受持為戒。現在發三大願，則是願望。這三大願依基、道、果而說，希望由此三真實願「安隱無量無邊眾生」。

第一願：依基而發願。安隱眾生的基則是正法智。這裡所指的正法智，即是如來藏智。勝鬘夫人願生生世世皆由善根力得正法智，這是安隱利益眾生的基礎。也就是說，若不得正法智，所行利生事業皆非究竟，因為未得一切功德。

第二願：依道而發願。行菩薩道即須利益眾生，所以要為眾生說法。勝鬘夫人願得正智已，然後說法，是即以正法利益眾生，也即是用如來藏教法來利益眾生，令眾生得究竟見。由此可知，以正法利益眾生，比用法異門利益眾生為勝。

第三願：依果而發願。既攝受正法，是即有正法智果可得，既得果已，即須守護此果法，所以說要「捨身命財護持正法」。觀修如來藏是果乘教法，凡所觀修皆依如來藏果而施設，所以道即是果，護持正法既是菩薩道，亦是攝受果法。

這三大願既依基、道、果而發，是故廣大，因此釋迦即對此三大願作加持，謂「菩薩恆沙諸願，皆悉入此三大願中」，有如一切色法，皆入於虛空。由釋迦作此加持，即知此三大願之殊勝。勝鬘說如來藏為正法，說如來藏智為正法智，釋迦亦以三大願為鄭重，由此可知，如來藏教法絕不可能是為了開引外道而施設，若僅為開引外道，何須如此鄭重。

正分

四・攝受正法

【劉宋譯】 **爾時，勝鬘白佛言：我今當復承佛威神，說調伏大願真實無異。**

【唐譯】 爾時，勝鬘夫人復白佛言：世尊，今當承佛威神辯才之力，欲說大願，幸垂聽許。

【釋義】 依藏譯本，此句應譯為 ——

> **爾時，勝鬘白佛言：我今當復承佛威神，為他人說〔攝受正法〕此境界。**

藏譯較二漢譯為勝。

本段經文承上來三願而說，已說攝受正法之願為依果而說，既攝受正法，便應說攝受正法種種境界，由是開展下文。

下文總說可分為三段 ——

一、由攝受正法之願，攝一切願；

二、攝受正法，即與法無二，是故攝持如來藏，一切法異門以及一切識境即與如來藏境界無二；

三、攝受正法者，與所攝持之正法無二，是故攝持如來藏的行人，即與如來藏所顯的境界無二。

【劉宋譯】 **佛告勝鬘：恣聽汝說。**

勝鬘白佛：菩薩所有恒沙諸願，一切皆入一大願中，所謂攝受正法，攝受正法真為大願。

佛讚勝鬘：善哉，善哉，智慧方便甚深微妙，汝已長夜殖諸善本，來世眾生久種善根者，乃能解汝所說，汝之所說攝受正法，皆是過去、未來、現在諸佛已說、今說、當說。我今得無上菩提，亦常說此攝受正法。如是我說攝受正法，所有功德不得邊際，如來智慧辯才亦無邊際。何以故？是攝受正法有大功德，有大利益。

【唐譯】 佛言勝鬘，恣汝所說。

勝鬘夫人言：菩薩所有恆沙諸願，一切皆入一大願中，一大願者，所謂攝受如來正法，如是攝受正法，真實廣大。

佛言：善哉，勝鬘，汝久修習，智慧方便甚深微妙，有能解了汝所說義，彼於長夜植諸善本。如汝所說攝受正法，皆是過去未來現在諸佛，已說、今說、當說。我得無上正等菩提，亦復常以種種相說攝受正法，如是稱揚攝受正法，所有功德無有邊際，如來智慧亦無邊際。何以故？是攝受正法有大功德，有大利益。

【釋義】 今說第一段，由攝受正法之願攝一切願。

所謂攝受正法，菩薩恆河沙數一切願，都入受持正法一願中。也可以說，恆河沙數一切願都依受持正法為根本。這裡雖然沒有說那一個法門是正法，依本經所言，所謂正法當然即是如來藏法門，這就是以如來藏法門為根本，統攝一切法異門。

釋迦讚歎勝鬘，「智慧方便甚深微妙」，要深植善根才能了解其所說。並且說，勝鬘所說的攝受正法，為三世諸佛所說，亦為釋迦所常說，是故勝鬘所說，其功德無有邊際，因為佛之所說，由種種法異門而說，其智慧亦無有邊際。

所以對釋迦的讚歎應該這樣理解：佛雖常說正法，但卻並非正說如來藏，並非唯依如來藏此名言，他實在是依種種法異門而說（所以唐譯中有此一句：「亦復常以種種相說攝受正法」），此即佛的智慧辯才無有邊際。對勝鬘所說的「攝受正法」必須如此理解，才能理解何以菩薩一切願皆悉攝入此大願。

【劉宋譯】 **勝鬘白佛：我當承佛神力，更復演說攝受正法廣大之義。**

佛言：便說。

勝鬘白佛：攝受正法廣大義者，則是無量，得一切佛法，攝八萬四千法門。譬如劫初，成時普興大雲，雨眾色雨及種種寶，如是攝受正法雨，無量福報及無量善根之雨。

【唐譯】 時勝鬘夫人復白佛言：世尊，我當承佛威神之力，更復演說攝受正法廣大之義。

佛言：聽汝所說。

勝鬘夫人言：攝受正法廣大義者，為得無量一切佛法，乃至能攝八萬行蘊。譬如劫初，興諸色雲、雨眾寶雨，如是攝受正法善根之雲，能雨無量福報之雨。

【釋義】 今說第二段，攝受正法，與法無二。此中說四譬喻。

第一個譬喻，雲雨喻。

在這段經文中，便說到如來藏法門可攝無量一切佛法，乃至八萬四千法門。所謂八萬四千法門，即對貪瞋癡的調伏[1]，是即種種法異門。

為顯示如來藏是佛法的根本，便以劫初時「**興諸色雲、雨眾寶雨**」為喻，是即成立識境的根本。如來藏由識境的顯現而知如來法身智境，那些識境的顯現，即如劫初的雲雨。由是便說明，攝受正法可得悟入智識雙運，積智慧福德資糧。在經文中，智慧資糧說為「**攝受正法善根之雲**」；福德資糧說為「**能雨無量福報之雨**」（此依唐譯）。

---

[1] 在《賢劫經卷二・諸度無極品第六》中記載，佛陀應喜王菩薩所請，慈悲回答關於菩薩行者應如何修習並速得成就種種解脫法門。佛陀答言：「佛德具有三百五十種行門，一一門中皆修六度（布施、持戒、忍辱、精進、禪定、般若）為因，便有二千一百諸度，以此諸度對治四大六衰之患（四大：地大、水大、火大、風大。六衰：色、聲、香、味、觸、法等六塵，能衰損善法故）。便為二萬一千諸度。再以二萬一千諸度對治四種心病（貪、瞋、癡及等分有情。等分者，謂貪、瞋、癡三心一齊而起），便有八萬四千諸度。其中，治多貪病二萬一千，治多瞋病二萬一千，治多癡病二萬一千，三毒等分二萬一千，合計即為八萬四千。」

隋代慧遠大師對八萬四千法門作的註解如下：「**諸佛菩薩普度眾生，有三百五十個法門，每一個法門裡面，各具布施、持戒、忍辱、精進、禪定、智慧等六度，共成二千一百度法門。每一法門當中，皆能降伏眾生的四大（地、水、火、風）六塵（色、聲、香、味、觸、法），如此就有二萬一千個法門，這二萬一千個法門又對治眾生的欲、有、見、無明等四種毛病，於是二萬一千乘四就是八萬四千法門。**」法門有八萬四千，正好對治八萬四千的煩惱。

【劉宋譯】 **世尊，又如劫初成時有大水聚，出生三千大千界藏及四百億種種類洲。如是攝受正法，出生大乘無量界藏，一切菩薩神通之力，一切世間安隱快樂，一切世間如意自在，及出世間安樂，劫成乃至天人本所未得，皆於中出。**

【唐譯】 世尊，又如劫初大水之中，能生三千大千界藏及四百億種種類洲，如是攝受正法，出生大乘無量界藏，並諸菩薩神通之力，種種法門，一切世間及出世間，安樂具足，一切天人所未曾有。

【釋義】 第二個譬喻，大水聚喻。

勝鬘復以大水聚為喻，於大水聚中，生出四部洲及小洲，這便是以大水聚比喻如來法身生一切情器世間，所以接着說，「如是攝受正法，出生大乘無量界藏」等等。這便是說攝受正法與法無二，此所謂「法」，即世間一切諸法之法。佛說種種法異門，亦可以說是「法」，所以便說「出生大乘無量界藏」。

我們讀佛經，常常將一切諸法的「法」，跟佛所說的「法」，分別對待，視二者為不同，其實不然。一切諸法不只包含現象界的法，實亦包含概念界的法，所以情器世間一切事物與思維，都包含在「法」的範圍之內。佛所說的法，由言說來表達，所以便成為概念界的法，因此亦在一切諸法的範圍之內。如這樣來理解，便是依如來藏的見地來理解。如來法身不成顯現，所以不在一切諸法的範圍，可是當如來法身以其功德成立識境時，即便成立了一切諸法。佛依識境的言說而說法，自然就是智境上的識境自顯現，因此便可以說「**大乘無量界藏**」等等，「**皆於中出**」。

這裡說「**皆於中出**」的，共有五種，依唐譯為——

一、大乘無量界藏；

二、一切菩薩神通力；

三、種種法門；

四、一切世間及出世間安樂具足；

五、一切天人所未曾有。由此五種，即知筆者於上來之所說。

【劉宋譯】 **又如大地持四重擔。何等為四：一者大海、二者諸山、三者草木、四者眾生。如是攝受正法，善男子、善女人，建立大地堪能荷負四種重任，喻彼大地。何等為四：謂離善知識無聞非法眾生，以人天善根而成熟之；求聲聞者授聲聞乘；求緣覺者授緣覺乘；求大乘者授以大乘。是名攝受正法，善男子、善女人，建立大地堪能荷負四種重任。**

世尊，如是攝受正法善男子、善女人，建立大地堪能荷負四種重任，普為眾生作不請之友，大悲安慰哀愍眾生，為世法母。

【唐譯】 又如大地荷四重擔。何等為四：一者大海；二者諸山；三者草木；四者眾生。如是攝受正法諸善男子及善女人，堪能荷負四種重任逾彼大地。何等為四：謂離善友無聞非法，諸有情類，以人天善根而成熟之；求聲聞者授聲聞乘；求獨覺者授獨覺乘；求大乘者授以大乘，是名攝受正法。諸善男子及善女人，堪能荷負四種重任逾彼大地。

世尊，如是攝受正法，善男子、善女人等，建立大地，堪能荷負四種重任，普為眾生作不請友，大悲利益哀愍有情為世法母。

【釋義】 第三個譬喻，大地重擔喻。

大地有四重擔：大海、諸山、草木、眾生。這是分別比喻離善友、無聞、非法、諸有情。由攝受正法，即對此四者加以救度，這便是攝受正法者的重擔。離善友的人比喻為大海，即是說他的師友都不是善知識，是即無所依止；無聞即是一闡提，亦即對佛法無聞的人，比喻為諸山，即是說他們的心理負擔其實很重；非法即是外道，比喻為草木，形容外道眾多，品類複雜；眾生即是諸有情，這裡不須更作比喻。

攝受正法的善男子、善女人，能以種種善根成熟此四類，然後依其根器，授以三乘教法，便如大地荷擔四種重任。

【劉宋譯】 **又如大地有四種寶藏。何等為四：一者無價、二者上價、三者中價、四者下價，是名大地四種寶藏。如是攝受正法善男子、善女人，建立大地得眾生四種最上大寶。何等為四：攝受正法善男子、善女人，無聞非法眾生，以人天功德善根而授與之；求聲聞者授聲聞乘；求緣覺者授緣覺乘；求大乘者授以大乘。如是得大寶眾生，皆由攝受正法善男子、善女人，得此奇特希有功德。世尊，大寶藏者，即是攝受正法。世尊，攝受正法，攝受正法者，無異正法，無異攝受正法，正法即是攝受正法。**

【唐譯】 又如大地是四種寶所生之處。何等為四：一者無價、二者上價、三者中價、四者下價，如是攝受正法。善男子、善女人，建立大地有情遇已獲四大寶，一切寶中最為殊勝。何等為四：謂諸有情遇斯善友、或有獲得人天善根、有證聲聞及辟支佛或無上乘善根功德，是名攝受正法。善男子、善女人，建立大地有情遇已，便能獲得四種大寶。世尊，出大寶者，名為真實攝受正法。

世尊言：攝受正法者，謂無異正法、無異攝受正法，正法即是攝受正法。

【釋義】 第四個譬喻，大地四種寶藏喻。

大地四種寶藏說為無價、上價、中價、下價。分別比喻大乘、緣覺乘、聲聞乘、人天乘。攝受正法的善男子、善女人，依據各別不同的根器，用此四乘攝受上來所說的四種有情，令他能得四乘的利益，是即建立大地四種寶。

經言：「**世尊，大寶藏者，即是攝受正法。世尊，攝受正法，攝受正法者，無異正法，無異攝受正法，正法即是攝受正法。**」這段經文繙譯得不好，唐譯亦不完善，若依藏譯校勘，可改譯為——

> **世尊，攝受正法，名為攝受正法者。正法與攝受正法無異，攝受正法者本身即是正法。**

這樣改譯，意思便很明白。說攝受如來藏，便即是說攝受如來藏的行人，因為如來藏與正法無異，所以攝受如來藏的人，本身便即是正法。將人與法合起來說，即有密意，受持正法的人住於識境，所受的正法即是智境。若分別來說，即是將識境與智境異離。本經將之合說，便顯示如來藏智識雙運，識境與智境雙運而無異離。瞭解這重密意，在讀本經時相當重要，否則便不能跟下文所說的如來藏，與四種比喻聯繫起來。

【劉宋譯】世尊，無異波羅蜜，無異攝受正法，攝受正法即是波羅蜜。何以故，攝受正法善男子、善女人，應以施成熟者，以施成熟，乃至捨身支節，將護彼意而成熟之，彼所成熟眾生建立正法，是名檀波羅蜜。

【唐譯】世尊，無異波羅蜜，無異攝受正法，攝受正法即是波羅蜜多。何以故，攝受正法善男子、善女人，應以施成熟者以施成熟，乃至捨身隨順彼意而成熟之，令彼有情安住正法，是名施波羅蜜。

【釋義】 這裡開始將如來藏與波羅蜜多聯繫起來，所以說攝受正法即是波羅蜜多，由是即說六波羅蜜多。若依密意，這便是將二轉法輪所說與三轉法輪所說，視為無異。這樣一來，信二轉法輪所說的人，不應誹撥三轉法輪所說；信三轉法輪所說的人，不應輕視二轉法輪所說。

先說布施波羅蜜多。攝受正法善男子、善女人，對應由布施來成熟的有情，即以布施來成熟他，令得安住正法，如是即為布施波羅蜜多（dāna-pāramitā，檀波羅蜜）。

【劉宋譯】應以戒成熟者，以守護六根、淨身口意業，乃至正四威儀，將護彼意而成熟之，彼所成熟眾生建立正法，是名尸波羅蜜。

【唐譯】 應以戒成熟者，守護六根淨身語意乃至威儀，隨順彼意而成熟之，令彼有情安住正法是名戒波羅蜜。

【釋義】 接著說持戒波羅蜜多。對應以持戒成熟的有情，即以守護六根、淨身口意業，以至正四威儀（行住坐卧等日常生活動態）來成熟他，如是即名戒波羅蜜多（śīla-pāramitā，尸波羅蜜）。

【劉宋譯】 **應以忍成熟者，若彼眾生罵詈、毀辱、誹謗、恐怖，以無恚心、饒益心、第一忍力、乃至顏色無變，將護彼意而成熟之，彼所成熟眾生建立正法，是名羼提波羅蜜。**

【唐譯】 應以忍成熟者，若彼有情罵詈、毀辱、誹謗、擾亂，以無恚心及利益心最上忍力，乃至顏色亦不變異，隨順彼意而成熟之，令彼有情安住正法，是名忍波羅蜜。

【釋義】 接著說安忍波羅蜜多。有情對自己罵詈、毀辱、誹謗、恐怖，都能以無恚心及利益心加以安忍，由是令彼成熟，安住正法。如是即名安忍波羅蜜多（kṣānti-pāramitā，羼提波羅蜜）。

【劉宋譯】 **應以精進成熟者，於彼眾生不起懈心、生大欲心、第一精進、及至若四威儀，將護彼意而成熟之，彼所成熟眾生建立正法，是名毘梨耶波羅蜜。**

【唐譯】 應以精進而成熟者，於彼有情不起懈怠下劣之心，起大樂欲最上精進，於四威儀隨順彼意而成熟之，令彼有情安住正法，是名精進波羅蜜。

【釋義】 接著說精進波羅蜜多。成熟有情，不起懈怠，亦不以有情為下劣，如是精進安置有情住於正法，如是即為精進波羅蜜多（vīrya-pāramitā，毘梨耶波羅蜜）。

【劉宋譯】應以禪成熟者，於彼眾生以不亂心、不外向心、第一正念、乃至久時所作、久時所說、終不忘失，將護彼意而成熟之，彼所成熟眾生建立正法，是名禪波羅蜜。

【唐譯】應以靜慮而成熟者，於彼有情以無散亂成就正念，曾所作事終不忘失，隨順彼意而成熟之，令彼有情安住正法，是名靜慮波羅蜜。

【釋義】 接著說禪定波羅蜜多。禪定的功能即是心無散亂，持正念內觀自心，是即為將護心識，如是成熟眾生，建立正法，如是即為禪定波羅蜜多（dhyāna-pāramitā，禪波羅蜜）。

【劉宋譯】 **應以智慧成熟者，彼諸眾生問一切義，以無畏心而為演説一切論、一切工巧究竟明處、乃至種種工巧諸事，將護彼意而成熟之，彼所成熟眾生建立正法，是名般若波羅蜜。是故世尊，無異波羅蜜，無異攝受正法，攝受正法即是波羅蜜。**

【唐譯】 應以智慧而成熟者，彼諸有情為利益故，問諸法義以無倦心，而為演説一切諸論一切明處乃至種種工巧之處，令得究竟隨順彼意而成熟之，令彼有情安住正法，是名智慧波羅蜜。是故世尊，無異波羅蜜，無異攝受正法，攝受正法即是波羅蜜。

【釋義】 最後說般若波羅蜜多。

經中說波羅蜜多，唯至說般若時始出密意。此中般若，非只說出世智，實連同世間智而說，所以便說到為眾生「**演說一切論、一切工巧究竟明處、乃至種種工巧諸事**」，這裡所說的便是世間智慧。依經文的意思，這裡說的即是大小五明。大五明為：內明、工巧明、醫方明、聲明、因明。小五明為：星算明、詩頌明、韻律明、辭藻明、劇曲明。此中唯內明為出世間智，其餘都是世間智。說般若而兼說世出世智，那便是悟入智識雙運界，因此五地菩薩必須通達大小五明，以及世間技藝。如是成熟有情建立正法，即是般若波羅蜜多（prajñā-pāramitā，般若波羅蜜）。

經言攝受正法與波羅蜜多無異，即說由六度皆可攝受正法。分別由六度攝受有情，即是依有情的根器而攝受，亦即上文所說，分別依三乘根器攝受正法。

經文至此說第二段畢，特別是由說波羅蜜多，已顯明攝受正法與法無二。

【劉宋譯】 世尊，我今承佛威神更說大義。

佛言：便說。

勝鬘白佛：攝受正法，攝受正法者，無異攝受正法，無異攝受正法者，攝受正法善男子、善女人，即是攝受正法。

何以故，若攝受正法善男子、善女人，為攝受正法捨三種分。何等為三：謂身命財，善男子、善女人捨身者，生死後際等離老病死，得不壞常住、無有變易、不可思議功德如來法身。捨命者，生死後際等畢竟離死，得無邊常住不可思議功德，通達一切甚深佛法。捨財者，生死後際等得不共一切眾生無盡無減，畢竟常住不可思議具足功德，得一切眾生殊勝供養。世尊，如是捨三分善男子、善女人，攝受正法，常為一切諸佛所記、一切眾生之所瞻仰。

【唐譯】 時勝鬘夫人復白佛言：世尊，我今承佛威神辯才之力，復說大義。

佛言：云何大義？

世尊，攝受正法者，無異攝受正法；無異攝受正法者，攝受正法善男子、善女人，則是攝受正法。何以故？若攝受正法善男子、善女人為正法故捨身命財，如是人等以捨身故，證生死後際，遠離老病得不壞常，無有變易究竟寂靜，不可思議如來法身。以捨命故，證生死後際，永離於死得無邊常，成就不可思議諸善功德，安住一切佛法神變。以捨財故，證生死後際，超過有情，無盡無減果報圓滿，具不思議功德莊嚴，為諸有情尊重供養。世尊，捨身命財攝受正法善男子、善女人等，為諸如來之所授記。

【釋義】 今說第三段。

攝受正法者與正法無二，在經中說為「**大義**」，顯然這裡便有重要的密意。

攝受正法者是人，正法是法，依照我們的名言概念，人與法有分，但若依如來藏見，無論是人是法，無非都是識境自顯現，都是智境上識境隨緣自顯現，有如筆者的比喻，都是螢光屏上的影像自顯現。依此見地，才能將世間一切人與一切法的自性，建立為本性，並且建立為本性自性空，這樣便可以說是「**大義**」，因為建立的範圍廣大，可以周遍一切情器世間來建立。

依著這樣的理解，識境中的人與法便平等，而且還可以說是大平等，由無分別而平等。這樣，便不須費辭，即可說攝受正法者與正法無二，一如龍樹菩薩在《中論》中，說「去者」與「去」無二。

經中以捨身、命、財三分，說攝受正法者與攝受正法無二，似乎未依上來所說的如來藏見而說，其實不然。身、命、財三者雖然說是屬於人，這個人的身、這個人的命、這個人的財，若依如來藏見，則身、命、財三者其實亦只是法，由此亦即人與法無二（譬如龍樹所說的；「去者」與「去」無二）。必須如此理解，才不會對這大義起淺見。倘如認為菩薩應捨身、命、財來利益眾生，只著眼於捨，而不著眼於人與法無分別（都是智境上的識境自顯現），那便可以說只是慈善事業，不能說是菩薩行。

關於捨身、命、財，經文雖分三段來說，其實都是說如來法身功德的「常」。漢譯的意思比較淺近，若依藏譯則較為深遠。

捨身一段，依藏譯可改譯如下——

> **善男子、善女人捨身者，與佛身輪外邊際等，即離生死，得不壞常住，無有變易，具不可思議功德之如來法身。**

這裡說的「**佛身輪外邊際**」，即是如來法身上自顯現的識境。若以如來法身為基，則在基上的一切顯現，都可以說是在基的外邊際上顯現（既不離基，但又看似離基而顯現，那便可以說是在基的外邊際上顯現）。

捨命一段，依藏譯可改譯如下——

> **捨命者，與佛法輪外邊際等，畢竟離死，得無邊常住不可思議功德，通達一切甚深佛法。**

這裡說的「**佛法輪外邊際**」，即說如來法身功德。法身功德不離法身，但能在法身上顯現，是即可說為於法輪外邊際上成顯現，一如上來所說。

捨財一段，依藏譯可改譯如下——

> **捨財者，與一切眾生之供養輪外邊際等，無盡無減，畢竟常住，不可思議，具足功德，**

得一切眾生殊勝供養。

這裡說的「一切眾生之供養輪外邊際」，即如來法身。供養輪內為如來的色身（報身與化身，例如阿彌陀佛淨土與釋迦化土），故其外邊際即是法身。

捨身、命、財三者合起來說，即是識境、智境的如來法身功德、智境的如來法身。這是依大平等見而建立，由此建立，所以可以說，捨身命財的人，與捨身命財的法無二。亦即識境上的捨身命財，可與智境識境雙運的大悲事業無二，由是成立了常，亦同時成立了人法無二為常，這即是如來藏的根本功德。

【劉宋譯】世尊，又善男子、善女人攝受正法者，法欲滅時，比丘、比丘尼、優婆塞、優婆夷，朋黨諍訟，破壞離散，以不諂曲，不欺誑，不幻偽，愛樂正法，攝受正法，入法朋中，入法朋者，必為諸佛之所授記。世尊，我見攝受正法如是大力，佛為實眼實智，為法根本，為通達法，為正法依，亦悉知見。

【唐譯】世尊，若善男子、善女人正法欲滅，有諸比丘、比丘尼、優婆塞、優婆夷，互相朋黨起諸諍訟，以不諂曲不欺誑心，愛樂正法攝受正法，入善朋中，入善朋者，必為諸佛之所授記。世尊，我見攝受正法有斯大力，如來以此為眼為法根本，為引導法為通達法。

【釋義】 經文至此，已由三段義理說攝受正法，接下來便說法欲滅時，非攝受正法不能應付。

釋迦對正法有危機感，所以在說及究竟法時，多同時說到法滅，尤其是在《法滅盡經》及《大涅槃經》，危機感更甚。由是提出四依之說：依法不依人、依義不依語、依智不依識、依了義不依不了義。四依之中，依法不依人更為根本，因為依義不依語等，實由人引導而成。若有人得學佛者信仰，可是他們卻只能依言說而不識密意；只能依識境說法而不知智境與識境雙運；只能說不了義，所以將了義經說成不了義。然而既得人信，錯信的人便可能由誤導而對攝受正法生反感。所以在經文中提出，在正法欲滅時，便有四眾「**朋黨諍訟，破壞離散**」，此四眾必為學人所依的師友，所以才有朋黨。

因此，勝鬘依法滅的危機，即說於正法欲滅時，攝受正法的人，應「**以不諂曲，不欺誑，不幻偽，愛樂正法，攝受正法，入法朋中。**」這裡說的「**入法朋中**」，便即是依攝受正法的人，而不依雖具名聞而實在毀滅佛法的人。若廣說，依經文的密意，則謂能依四依攝受正法的人，必能得佛授記。

由是經言：「**世尊，我見攝受正法有斯大力，如來以此為眼為法根本，為引導法為通達法。**」（依唐譯）這即是以能見正法為佛眼，以正法為法根本。正法為佛眼，是故能引導一切法門；正法為法根本，是故能通達一切法門。所以說攝受正法有大力。

【劉宋譯】 **爾時，世尊於勝鬘所說攝受正法大精進力，起隨喜心：如是勝鬘，如汝所說，攝受正法大精進力，如大力士少觸身分生大苦痛。如是勝鬘，少攝受正法令魔苦惱，我不見餘一善法令魔憂苦如少攝受正法。**

【唐譯】 爾時，世尊聞勝鬘夫人所說攝受正法有大威力，歎言：如是如是，善哉，勝鬘，如汝所說攝受正法大威德力，如大力士，微觸末摩生大苦痛，更增重病。如是勝鬘，假令少分攝受正法，令魔波旬痛切愁惱悲號歎息，亦復如是。勝鬘，我常不見餘一善法令魔愁惱，猶如少分攝受正法。

【釋義】 這段經文以唐譯為勝，今依唐譯而釋。

釋迦對勝鬘夫人的說法加以讚歎，於是用三個譬喻來說攝受正法之力。今第一喻。即使是大力士，只要能擊中他的要害，這大力士即能被降伏，以此比喻，即使「**少分攝受正法**」亦能降伏魔波旬。

經文說：「**如大力士，微觸末摩生大苦痛，更增重病**」。這裡的「**末摩**」，梵文為 marman，意為死穴，所以微觸死穴，即能令大力士受傷。降伏波旬亦復如是，即使少分攝受正法，因為能點中波旬的死穴，所以波旬便會「**痛切愁惱，悲號歎息。**」因為攝受正法者即是正法，波旬不能對正法為害，便不能害對正法能生信解的人。所以在末法時期，宣揚正法十分重要，即使只能令人少分攝受正法，亦能令他不受魔說，入善朋中。

【劉宋譯】 **又如牛王，形色無比，勝一切牛。如是大乘少攝受正法，勝於一切二乘善根，以廣大故。**

【唐譯】 勝鬘，譬如牛王形色端正，身量殊特蔽於諸牛。如是勝鬘，修大乘者，設令少分攝受正法，即能蔽於聲聞獨覺一切善法。

【釋義】 第二個譬喻，以牛王為喻。

印度傳統對牛十分尊重，稱為神牛，釋迦隨順傳統，是故以牛王為喻。牛王形色勝一切牛，有如攝受正法能勝二乘。在這裡，釋迦並非否定二乘，只是依道次第而說，所以說聲聞與獨覺（緣覺）的法只是「善法」，而不說為正法，因為在本經，以說了義法、究竟法為正法。二乘教法只隨順識境而說，四諦是識境法，十二緣起亦是識境法，受此法門引導的行人，雖然能正見識境，可是同時卻亦落於識邊際，是即不成究竟，因此只能喻為凡牛，不能說是牛王。

這段經文，有開引二乘之義。釋迦於二轉法輪說波羅蜜多，二乘行人未加重視，因為釋迦由波羅蜜多說中道見，二乘行人亦以為自己的宗見是中道見。及至三轉法輪說如來藏，同時說觀修如來藏的瑜伽行，二乘行人便覺得跟自己的宗見分別很大，對釋迦之所說難以理解。大概當時還有些二乘行人不同意釋迦的說法，所以在一些經典中（如《大寶積經・普明菩薩會》），便有釋迦說了義經時比丘退席的故事，因此釋迦在本經中，便明明說出，二乘不及攝受正法，因為善法不及正法，將二乘法門定位為善法，那便是道次第的定位。

【劉宋譯】 又如須彌山王，端嚴殊特勝於眾山，如是大乘捨身命財，以攝取心攝受正法，勝不捨身命財初住大乘一切善根，何況二乘，以廣大故。

【唐譯】 勝鬘，又如須彌山王高廣嚴麗蔽於眾山。如是勝鬘，初趣大乘，以饒益心不顧身命，攝受正法便能超過，顧其身命久住大乘一切善根。

【釋義】 第三個譬喻，以須彌山王為喻。

須彌山王不須實有，只是於成立一器世間時的施設。佛以須彌山王、四大部洲、日、月等七事來成立一個器世間，其實都是施設，不能因為日、月為實有，便把須彌山王與四大部洲都看成是實有。現在有些人依言取義，設法在地球上尋找須彌山和四大部洲，那便是不認識「華藏世界」的建立理趣，因為釋迦其實是依此理趣來成立世間。

須彌山稱為山王，當然「端嚴殊特勝於眾山」，這比喻攝受正法的一乘，勝於菩薩乘的大乘。因為攝受正法的一乘行人，可以捨身、命、財來攝受正法，菩薩乘只是「初住大乘」，不能捨身、命、財，因此菩薩乘便不及一乘。

在這裡，應該回顧一下前文所說，一乘行人捨身、命、財攝受正法，是即等同以識境莊嚴法界（捨身）、以如來法身功德莊嚴法界（捨命）、以如來法身攝受法界莊嚴（捨財），由是捨離我與我所，住入智識雙運如來藏境界，此即非菩薩乘行人所能及。捨身、命、財說的不是事相，其實所說實為密意。

【劉宋譯】是故勝鬘，當以攝受正法開示眾生、教化眾生、建立眾生。如是勝鬘，攝受正法，如是大利、如是大福、如是大果。勝鬘，我於阿僧祇阿僧祇劫，說攝受正法功德義利不得邊際，是故攝受正法，有無量無邊功德。

【唐譯】是故勝鬘，當以攝受正法，開示教化一切有情。如是勝鬘，攝受正法，獲大福利及大果報。勝鬘，我於無數阿僧祇劫，稱讚如是攝受正法所有功德，不得邊際，是故攝受正法，成就如是無量功德。

【釋義】 上文用降伏大力士喻，用牛王喻，用須彌山王喻，比喻攝受正法的功德，「**是故勝鬘，當以攝受正法開示眾生、教化眾生、建立眾生。**」對於建立眾生，可以一說。這即是依如來藏思想說明眾生的建立，由是令行者能理解「本性自性空」，並以此空為「畢竟空」。用筆者常用的比喻來說，即如螢光屏上的人，能理解自己只是螢光屏上的影像，即能悟入「畢竟空」的境界，亦即是「本性自性空」的境界。若不能這樣來理解空性，只依法異門的言說來理解，一定不能究竟建立眾生，此如唯建立眾生為空性。由此可知「建立眾生」的重要，而「建立眾生」則非依如來藏思想不可。

這裡說一說如何建立眾生。

如來法身的功德有二分，稱為現分與明分，此中現分可以理解為生機，此中明分可以理解為區別分。由於有生機，識境才能在如來法身中生起；由於有區別分，識境才能生起而成區別，此如人與螞蟻不同，山陵與河海不同。

依此二分功德，有情世間與器世間才能在相礙緣起中任運圓成。任運圓成就是適應一切相礙的局限而生起，此即稱為相礙緣起。於生機中，人適應一些局限，螞蟻又適應另外一些局限，由此人與蟻便分別任運圓成。故所謂任運，即是隨緣適應而運作，所謂圓成，便即是建立。

這樣的建立，即用相礙緣起來建立眾生，若不理解如來藏和如來藏的法身功德的密意，便無法建立相礙緣起來說建立眾生的實相。

如是開示眾生、教化眾生、建立眾生，即是依智識雙運的如來藏境界來作大悲事業，是故說攝受正法，有如是大利、如是大福、如是大果。釋迦且說，於阿僧祇阿僧祇劫（無量的無量劫），如是稱讚攝受正法功德，是即稱讚一乘教法的功德。

綜合上面所說，我們看到，這裡是說攝受如來藏。勝鬘先說如來真實功德，然後發願十受，再作三大誓願，都不離如來真實功德而說。這如同提出一個大綱，表明本經是從如來真實功德來說如來藏，因為如來真實功德是方便，本經即依方便而說，這有如螢光屏中影像世界的人，須先依螢光屏功能，知道一切影像皆由此功能建立，然後才能知道螢光屏的存在，這樣，令能知螢光屏的功能便是方便。

為甚麼講攝受正法要佔這麼大的篇幅呢？這是因為在這裡要詳細地說明，依如來真實功德，可以帶給我們一些甚麼，能夠建立一些甚麼道理。在此之後，就是建立一乘了。既然攝受正法，就要建立大乘，大乘也即佛乘。在這裡大乘不是指一般的 Mahāyāna，而是指一乘（Ekayāna）。為甚麼特別強調這個「一」？是因為一就是無二的意思，其它的乘都有二（二即是相對），唯獨佛乘唯一（離相對），故為一佛乘。這裡強調「一」，就是等於文殊師利的不二法門，亦等於如來藏。

如來藏是如來的法身與如來法身功德雙運，這無可評論，譬如說，火與火的功能雙運，水與水的功能雙運，實在無可評論。那麼，怎樣去理解如來法身與其功德雙運呢？依如來藏教法，說為無變易與無異離。在《心經》中，說「**色即是空，空即是色**」，此即說無變易；說「**色不異空，空不異色**」，此即說無異離。詳細一點來說，佛內自證智境界上，雖有識境隨緣自顯現，但智境則不因識境而受污染，是即無變易；識境雖隨緣而成自顯現（任運圓成），但並不因其顯現即脫離智境，如是識境與智境永不異離，是即無異離。因此，在經文中即說攝受正法與法無異，攝受正法者與攝受正法無異，如是統攝人我、法我入本性自性，是即將識境攝入智境而成依止、建立。讀者須如是理解本章經文的大義。

五·入一乘

【劉宋譯】 **佛告勝鬘：汝今更説一切諸佛所説攝受正法。**

勝鬘白佛：善哉，世尊，唯然受教。

即白佛言：世尊，攝受正法者是摩訶衍。何以故？摩訶衍者，出生一切聲聞、緣覺、世間、出世間善法。世尊，如阿耨大池，出八大河。如是，摩訶衍出生一切聲聞、緣覺、世間、出世間善法。世尊，又如一切種子，皆依於地而得生長，如是一切聲聞、緣覺、世間、出世間善法，依於大乘而得增長。是故世尊，住於大乘攝受大乘，即是住於二乘攝受二乘，一切世間出世間善法。

【唐譯】 佛告勝鬘：汝今復應演我所説攝受正法，一切諸佛共所愛樂。

勝鬘白言：善哉，世尊，攝受正法者則名大乘。何以故？大乘者，出生一切聲聞獨覺，世出世間所有善法，如阿耨達池出八大河。如是大乘，出生一切聲聞獨覺，世出世間所有善法。世尊，又如一切種子草木叢林，皆依大地而得生長，如是一切聲聞獨覺，世出世間所有善法，皆依大乘而得生長。是故世尊，住於大乘攝受大乘，即住攝受聲聞獨覺，世出世間所有善法。

【釋義】 既說攝受正法，即以正法為根本見，依此根本見修道，是故建立一乘。說一乘，即說正法道，亦即佛道，行者即依佛道而作修持行持。依此，勝鬘故說：「**攝受正法者是摩訶衍**」。

「**攝受正法者是摩訶衍**」這一句，藏譯中沒有「**攝受**」二字，作「**正法者是摩訶衍**」，這不知是譯者的省略，抑或是梵本的原文。若依藏譯，便等於說正法即是摩訶衍（Mahāyāna）；若依漢譯，便等於說，正法的見修即是摩訶衍，二者稍有分別，應以漢譯為長。不過，前面已經說過，攝受正法與法無二，所以亦可以說漢譯與藏譯無二。

摩訶衍即 Mahāyāna，譯為「大乘」，這裡說的大乘，當然是指一佛乘，而不是指菩薩乘的大乘。行者於觀修時，應先了知自己所修行的道，為甚麼稱為一乘。因此，經文即分說二義 ——

一、一乘之所攝；

二、攝入一乘的義理，且依此而說及行道。

今說一乘之所攝。

經言：「**摩訶衍者，出生一切聲聞緣覺世間出世間善法。**」這一句藏譯作「**聲聞緣覺世間出世間善法，皆依摩訶衍而得善解。**」二者比較，藏譯為長。依藏譯，小乘的法以及世出世善法，雖非一乘法，但卻能夠根據一乘的法來理解，而且是得善解。這便即是說，一乘以外的法，都能攝入一乘法中，這就是一乘之所攝，為攝入三乘。此中，聲聞、緣覺為小乘；世間出世間善法為菩薩乘。

說小乘教法能依一乘而得善解，可能令人生疑，因為他們並不認為小乘教法與如來藏有關。其實不然，小乘經中常常有如來藏的義理，而且必須根據如來藏的義理來理解，才能善知經義。筆者在《如來藏二諦見》一書中已舉三個例子，今引述如下——

此如《雜阿含經》第二十，第556至559經中所言——

> 佛告諸比丘尼，若無相心三昧，不勇不沒解脫，已住住已解脫，此無相心三昧，智果智功德。[2]

此中所謂「智果」，即是「法身」；所謂「智功德」，即是「法身功德」。不敗尊者於廣說如來藏時，已說法身與法身功德雙運即如來藏，故知釋迦於小乘教法中未嘗不說如來藏義理。由此亦知，其施設「不勇不沒」、「已住住已」，即為中道；其所行道（觀修「無相心三昧」），即瑜伽行。

世尊說如來藏，更可引《中阿含經》之〈達梵行

2 依求那跋陀那譯，大正・二，no. 99，頁145-146。

經〉（第111經）來說明——

云何知苦勝如？

謂不多聞愚癡凡夫，不遇善知識，不御聖法法身生覺——極苦、甚重苦，命將欲絕，出此從外更求於彼。[3]

此所謂「**苦勝如**」，即識覺勝於智覺。當凡夫唯持識覺以覺知時，便不知識覺亦依於法身，即不知聖法「**法身生〔識〕覺**」，由是得「**極苦、甚重苦**」，凡夫以苦故，不知現證內自證法身以智覺滅苦，反出法身之外而求，是即永陷於由分別識所生之苦。

讀者於前若已明智境與識境自顯現（法身與法身功德）義，則於讀此段經文時，定能勝解不知「**法身生〔識〕覺**」之「**苦勝如**」，此亦即唯持識境為真實，而不認知識境所依之法身（智境）。

由經義，知釋迦於此實已依如來藏義以教小乘行人，唯施設道名言不同而已，此即是所謂「法異門」。

可更引一例，以明釋迦於小乘經教中已說「佛法身周遍」。此見於《增一阿含經》第三十三，〈等法品第三十九〉——

3 依瞿曇僧伽提婆譯，大正・一，no. 26，頁600中。

是時世尊告諸比丘，彼云何名為「七神〔心〕識住處」？

所謂眾生若干種身想，所謂人及天也。

又復眾生若干種身而有一想，所謂梵迦夷天也。

又復眾生一身若干想，所謂光音天也。

又復眾生一身一想，所謂遍淨天也。

又復眾生無量空，空處天也。

又復眾生無量識，識處天也。

又復眾生無有處，無有處天也。

是謂比丘七識住處。我今已說七識處，諸佛世尊所可，施行接度人民。[4]

此處釋迦以人天為範限，施設比丘住心識觀修之七處所，由多種身以至一身；由多種想以至一想；由無量空、無量識以至無所有，這是依人類概念（想）施設超越吾人情器世間之種種情器世間，此即實說法身周遍，於佛內自證境界中有無量無邊非吾人可以思議之識境自顯現。若依不敗尊者於前所說，此即所謂由果立因相依理，由種種世間為果，可以成立如來藏為因。復由法性理，可以成立法身周遍一切界。故知此處，釋迦實亦說如來藏，但以七種心識住處為說而已。

---

4 依瞿曇僧伽提婆譯，大正・一，no. 125，頁730下。

這三個例子之外，其實還可以舉出很多例子，現在只舉一例。

《雜阿含經》108經，說西方有眾多比丘來聽釋迦說法，說法已，眾比丘向釋迦辭行，釋迦問他們有沒有向舍利弗辭行，他們說沒有。釋迦對他們說：「舍利弗淳修梵行，汝當奉辭」。西方眾比丘於是即往詣舍利弗，舍利弗對他們說，你們回到西方，一定有人會問，大師說甚麼法，你應該這樣回答：「大師唯說調伏欲貪」。如果再問：「於何法中調伏欲貪？」你應該這樣回答：「大師唯說於彼色陰調伏欲貪，於受想行識陰調伏欲貪。」

舍利弗之所說，當然即是小乘教法，然而若只依言說來理解，認為只是依五蘊來調伏欲貪，那便不是善解。所以經文接著說舍利弗解釋如何調伏——

> 「世尊終不說言，當斷諸不善法，亦不教人於佛法中修諸梵行，得盡苦邊。」

> 「世尊終不說受持善法，於佛法中修諸梵行，平等盡苦，究竟苦邊。」

這樣的調伏，即是如來藏的教法。於不二法門中無善與不善的分別，若落於善與不善的分別概念，行者則永遠住於識境中的分別，這樣便不能悟入智識雙運的境界，所以調伏欲貪，不是「當斷諸不善法」，亦不是「受持善法」，當心能悟入無分別時，則諸不善法盡，善法同時生起，這才是無作意、無捨離而調伏欲貪。

那麼，為甚麼釋迦教授調伏欲貪，卻又說當斷不善法，當修善法呢？舍利弗解釋說 ——

> 「以受諸不善法因緣故，今現法苦住，障礙熱惱，身壞命終。墮惡道中，是故世尊說言當斷不善法。」

> 「受持善法，現法樂住，不苦不礙，不惱不熱，身壞命終，生於善處，是故世尊，讚歎教人受諸善法，於佛法中修諸梵行。」

依如來藏觀修，其實亦是這樣觀修，若落分別見來觀修，便不是對釋迦的小乘教法生善解，舍利弗則能生善解，知離分別，所以舍利弗其實已攝受一乘教法，攝受正法。這也可以說，舍利弗已能依釋迦所說的中道來說觀修，依言說（即依識邊），可以說斷諸不善法、受諸善法；依密意（即依智邊），則終不說斷諸不善法、受諸善法。因此我們可以說，舍利弗已依中道見，對釋迦的教法能生善解。

通過這些例子，即當理解三乘攝入一乘的理趣。關於菩薩乘攝入一乘，這裡不再舉例，因為只要知道，深般若波羅蜜多即是如來藏，或依《入楞伽經》知道，如來藏名為藏識、名為藏識的如來藏，那就理解可將菩薩乘攝入一乘。

勝鬘依入一乘義，復舉二喻：如阿耨大池出八大河、如一切種子皆依於大地而得生長。大池例即是以三乘的源頭為如來藏、為攝受正法。若更廣言，則釋迦所說的一切法異門，皆由攝受正法出；種子依於大地例，即是釋迦所說一切法，皆依一乘正法而得增長（知密意，得善解）。

【劉宋譯】 **如世尊說六處，何等為六：謂正法住、正法滅、波羅提木叉、毘尼、出家、受具足。**

為大乘故說此六處。何以故？正法住者，為大乘故說，大乘住者，即正法住。正法滅者，為大乘故說，大乘滅者，即正法滅。

波羅提木叉、毘尼，此二法者，義一名異，毘尼者即大乘學。何以故？以依佛出家而受具足，是故說大乘威儀戒，是毘尼、是出家、是受具足。是故阿羅漢，無出家、受具足。何以故？阿羅漢依如來出家、受具足故。

【唐譯】 如佛世尊所說，六處謂正法住、正法滅、別解脫、毘奈耶、正出家、受具足。

為大乘故說此六處。所以者何，正法住者為大乘說，大乘住者即正法住；正法滅者為大乘說，大乘滅者即正法滅。

別解脫毘奈耶，此之二法，義一名異；毘奈耶者即大乘學，所以者何，為佛出家而受具足，是故大乘戒蘊是毘奈耶、是正出家、是受具足。世尊，阿羅漢者，無有出家及受具足。何以故，阿羅漢，不為如來出家受具足故。

【釋義】 一乘之所以能攝入三乘，是因為他具足六處。依觀修道法，具足正法住與正法滅；依行持道法，具足波羅提木叉、毘尼、出家、受具足。具足這六處，便能攝一切法異門義。

今先說觀修道法：正法住與正法滅。經言：「**正法住者，為大乘故說，大乘住者，即正法住。正法滅者，為大乘故說，大乘滅者，即正法滅。**」這即是說能於正法生正見，即正法住，因為正見由一乘而生。若於正法起邪見，即正法滅，因為邪見離一乘而生。將見地依於一乘，即是依於出離識境邊，而且這裡說的出離，還是無捨離而離。倘若唯住於識境、唯住於佛的言說，那便不是一乘，而是一乘滅，亦即正法滅。

經中以正法住、正法滅為一乘教法，如是即建立觀修行人的抉擇見與決定見，無論抉擇與決定，在見地上都不能離開一乘。所以無上瑜伽密行人非常強調見地，認為同是一個觀修儀軌，若依正見來作抉擇與決定，這便是觀修正法；若不依正見來作抉擇與決定，則是觀修邪法。這樣來看待觀修儀軌，便是依正法住、正法滅來看待。

更說行持道法四種。

波羅提木叉（prātimokṣa，別解脫）與毘尼（vinaya，毘奈耶）。二者都是戒，行持即須依戒而行。波羅提木叉意譯為別解脫，即是於煩惱處別別解脫。也即是說，針對著貪，行解脫貪的戒；針對著瞋，行解脫瞋的戒，如是等等，即別解脫。毘尼是為調伏而訂定的戒律，亦即是佛所制定的僧團戒律。依此戒律，並非針對個別煩惱，而是整體調伏煩惱。所以說毘尼是大乘學，「**以依佛出家而受具足，是故說大乘威儀戒。**」這樣說，便可以說沒有阿羅漢的出家、受具足〔戒〕，只有如來的出家、受具足。依戒律，二乘其實已攝入一乘。

這裡說的出家，可以理解為說出離，並不是依事相以剃度為出家，若只受剃度而未能出離，這出家便不具足。所謂出離，通常都說是出離世間，其實應該說是出離世間的名言句義（可參考本叢書的《無邊莊嚴會密意》）。因為人一定要在世間生活，而且要依著世間的規範來生活，對這些規範，實在不能出離，所能出離的，便只是由規範而成立的名言句義，依規範而不落於規範的概念，心即無所縛繫，如是即成出離，所以出離並不落於事相。

【劉宋譯】阿羅漢歸依於佛，阿羅漢有恐怖。何以故？阿羅漢於一切無行，怖畏想住，如人執劍欲來害己，是故阿羅漢無究竟樂。何以故？世尊，依不求依，如眾生無依，彼彼恐怖，以恐怖故則求歸依。如阿羅漢有怖畏，以怖畏故，依於如來。

【唐譯】 阿羅漢，有怖畏想歸依如來。何以故？阿羅漢，於一切行住怖畏想，如人執劍欲來害己。是故阿羅漢，不證出離究竟安樂。世尊，依不求依，如諸眾生無有歸依，彼彼恐怖，為安隱故求於歸依。世尊，如是阿羅漢，有恐怖故歸依如來。

【釋義】 上文說一乘所攝已畢，今說攝入一乘的義理，依經文可以總攝為六義如下 ——

一者、二乘有依有怖不能得究竟解脫；

二者、二乘所知障未斷，所以不起一切功德，不明一切法究竟依處；

三者、二乘僅斷分段生死，不能盡一切煩惱、盡一切受生；

四者、二乘不斷無明住地，不得一味、等味之解脫味；

五者、二乘不受後有智，僅因能斷分段生死而說為得解脫，如來法身非二乘之解脫境；

六者、二乘非皈依處，唯佛為真實依。

現在解釋這六總義 ——

一、本段經文即說二乘有依有怖。

阿羅漢皈依於佛，實由於阿羅漢有恐怖。他們的恐怖是對於「一切無行」生怖畏想。說一切無行，便連二乘之所行亦說為無，這便即是說一切法空，阿羅漢對一切法空生怖畏，因為他們不能盡一切行，是故有所行而行。若說一切法空，他們便認為一切所行都是徒勞，由是即生怖畏。由此怖畏，只能皈依於佛，認為依佛所說，必有所行而不徒勞。

經文「**依不求依，如眾生無依，彼彼恐怖，以恐怖故則求皈依。如阿羅漢有怖畏，以怖畏故，依於如來。**」這句經文譯得比較難解，若參考藏譯，可以這樣理解：眾生的皈依，實在並不為求一個法門而皈依，只是因為有所恐怖而求皈依，阿羅漢的皈依亦是一樣，他們皈依如來，並不是因為想求得如來的一乘法門，而是因為對一切無行有所恐怖，對不能正見一切法空而生恐怖，是故才皈依如來。

【劉宋譯】世尊，阿羅漢辟支佛有怖畏，是故阿羅漢辟支佛，有餘生法不盡故，有生有餘梵行不成故，不純事不究竟故當有所作，不度彼故當有所斷，以不斷故，去涅槃界遠。

何以故？唯有如來應正等覺得般涅槃，成就一切功德故。阿羅漢辟支佛，不成就一切功德，言得涅槃者，是佛方便，唯有如來得般涅槃，成就無量功德故。

阿羅漢辟支佛，成就有量功德，言得涅槃者，是佛方便，唯有如來得般涅槃，成就不可思議功德故。

阿羅漢辟支佛，成就思議功德，言得涅槃者，是佛方便，唯有如來得般涅槃，一切所應斷過皆悉斷滅，成就第一清淨。阿羅漢辟支佛有餘過，非第一清淨，言得涅槃者，是佛方便，唯有如來得般涅槃，為一切眾生之所瞻仰，出過阿羅漢辟支佛菩薩境界。

【唐譯】 是故阿羅漢及辟支佛，生法有餘，梵行未立，所作未辦，當有所斷，未究竟故，去涅槃遠。

何以故？唯有如來應正等覺，證得涅槃，成就無量不可思議一切功德，所應斷者皆悉已斷。究竟清淨，為諸有情之所瞻仰，超過二乘菩薩境界，阿羅漢等則不如是，言得涅槃佛之方便。

【釋義】 二、二乘行人所知障未斷，不具究竟功德，不明一切法究竟處。

二乘行人修道可證四智，即是「**我生已盡，梵行已立，所作已辦，不受後有。**」這稱為解脫四智，並認為得此四智即可涅槃，但勝鬘則認為二乘依此四智，涅槃未得。經文所說六種總義中，二至五四種都是說這個問題。

現在總說二乘四智的不究竟。不究竟的原因，是由於所知障未盡，是故不具涅槃的功德。這亦即是，阿羅漢能證人我空，但於法我空則未究竟。

於經文所說，阿羅漢及辟支佛生法有餘不盡、有生有餘梵行不成、不純事不究竟當有所作、不度彼故當有所斷。以此四者跟究竟涅槃來比較，便可以說為生法未盡，梵行未立，所作未辦，當有所斷，這樣當然便可以說二乘未得涅槃，佛說二乘得涅槃只是方便說。

至於為甚麼說二乘生法有餘不盡、梵行不成、事不究竟當有所作、當有所斷，在下面的經文即有說明，所以此處只是總說。

這段經文唐譯省略，劉宋譯則更有一段經文比較如來與二乘的涅槃功德。

- 如來得般涅槃成就一切功德（無量功德），二乘則僅得有量功德。
- 如來得般涅槃成就不可思議功德，二乘則僅得可思議功德。

- 如來得般涅槃成就斷滅，第一清淨；二乘尚有餘過，應斷未斷，非第一清淨。這即是如來成就所作已辦，而二乘則事未究竟，尚應有所作。

由此比較，便知道二乘實在只住於識境而修，於識境中得成就，實未證入如來智境，所以他們所得的功德有限量、可思議、應斷未斷。對下面的經文，亦須這樣來理解，然後才可知道，二乘及菩薩未能現證如來藏，便都有未能圓證涅槃功德的缺點，這其實可以說是道次第上的問題。

【劉宋譯】 **是故阿羅漢辟支佛，去涅槃界遠，言阿羅漢辟支佛，觀察解脫四智，究竟得蘇息處者，亦是如來方便，有餘不了義說。**

何以故？有二種死。何等為二：謂分段死、不思議變易死。分段死者，謂虛偽眾生；不思議變易死者，謂阿羅漢辟支佛、大力菩薩意生身乃至究竟無上菩提。

【唐譯】 是故阿羅漢等去涅槃遠。世尊，說阿羅漢及辟支佛，觀察解脫四智究竟得蘇息者，皆是如來隨他意語不了義說。

何以故？有二種死。何等為二：一者分段；二者變易。分段死者，謂相續有情；變易死者，謂阿羅漢及辟支佛自在菩薩，隨意生身乃至菩提。

【釋義】 三、僅斷分段生死，非盡一切煩惱一切受生。

有兩種生死：一為分段生死，一為變易生死。凡夫的生死即是分段生死，生死交替而成輪廻，每一世的生死即是一段生死，如是一段一段相續，由是輪廻不盡。至於變易生死，則須細說。

若依經論的名言來定義變易生死，可以這樣說：阿羅漢、辟支佛、具大力菩薩，由無漏的「分別業」為因，以無明住地為緣，依此因緣，即於三界外得殊勝果報身。這個身已經沒有三界分段生死的粗身，所以沒有形色；這個身已經不住於有漏的分別業，所以便沒有壽量、賢愚、老少、壯弱等種種三界識境的定限，其生死只是意生身的變易，由是稱為變易身。復因其妙用難測，所以又稱為不思議身。這種身，實由定力而成，但由於這定力未離行者的意識，所以才稱為意成身、意生身。

這種變易身何以亦有生死？變易生死是由心識念念相續而成，心識相續，即有前後，所以便有前後變易，由是而成變易生死。不過，這裡說的心識念念相續，實在跟凡夫的心識念念相續不同，凡夫的念念相續是剎那剎那，每一個念頭都剎那生滅。變易身的念念相續，其念念則為定力，因此念念相續便是定力境界的相續，因此念念便非剎那，由是意生身便成變易。

這樣便引發出一個問題，若說仍然有心識相續，那麼到底是甚麼人的心識相續，才能與凡夫的心識相續不同，以至凡夫落分段生死，他們卻可以成變易生死。對於這個問題，釋迦未說，中觀宗認為，二乘無學道行人，以及初地以上菩薩，都可以得變易身入變易生死。瑜伽行派則不同，他們認為有四種人可得變易生死——

1、二乘無學道行人，必須迴心入大乘，於得小乘的涅槃時，因為有迴心大乘的功德，才可以得到變易身；

2、二乘有學道行人，迴心入大乘，證得大乘初地以上，可以得到變易身；

3、菩薩依悲力，於八地以上得變易身；

4、菩薩依智力，於初地以上得變易身。

這兩宗的說法互有開合，然而都只是依宗見成立，亦即是依識境而揣度，可不深論，但卻可以參考。

對於變易生死，可以說有三種狀態——

1、以微細的生滅為基本狀態，亦即離分段生死的形色生滅；

2、以無漏法為所緣境，觀察無漏法，由是悟入法性，這時行者的意識既已悟入無漏，由是他的意業，便成為無漏的有分別業，所成身妙用難測，不可思議；

3、行者現證法身如來藏，但尚處於未離生滅的邊際，於其死時便進入一種狀態，這狀態亦不可思議。

前兩種是二乘得變易生死的狀態，後一種是大力菩薩得變易生死的狀態。

依上來所說，便可以知道為甚麼阿羅漢、辟支佛、大力菩薩只能斷除分段生死，依然落於變易生死，由是未能得如來的涅槃。

在佛經中，說阿羅漢及辟支佛得涅槃，只是方便說，但方便說亦有所依據，是故經言：「**阿羅漢辟支佛，觀察解脫四智，究竟得蘇息處者，亦是如來方便，有餘不了義說。**」所據即是解脫四智，依方便來說，觀察解脫四智，可得涅槃；依究竟來說，解脫四智未得涅槃。下來經文即說及此。

【劉宋譯】 **二種死中，以分段死故，說阿羅漢辟支佛智我生已盡；得有餘果證故，說梵行已立；凡夫人天所不能辦，七種學人先所未作，虛偽煩惱斷故，說所作已辦；阿羅漢辟支佛所斷煩惱更不能受後有故，說不受後有。非盡一切煩惱，亦非盡一切受生故，說不受後有。**

【唐譯】 二種死中，以分段死說阿羅漢及辟支佛，生於我生已盡之智；由能證得有餘果故，生於梵行已立之智；一切愚夫所不能作，七種學人未能成辦，相續煩惱究竟斷故，生於所作已辦之智；世尊，說生不受後有智者，謂阿羅漢及辟支佛，不能斷於一切煩惱，不了一切受生之智。

【釋義】 阿羅漢辟支佛觀察四智，都有餘未盡。現在先說這四智。

所謂四智，亦即阿羅漢辟支佛內證四諦（苦、集、滅、道）的智。「**我生已盡**」，指盡斷未來的苦果，在四諦中，即是「斷集」；「**梵行已立**」，指由觀修而成無漏聖道，在四諦中，即是「修道」；「**所作已辦**」，是指圓滿斷障證滅，在四諦中，即是「證滅」；「**不受後有**」，指由證滅力得盡生死惑業，在四諦中，即是「斷苦」。

然而阿羅漢辟支佛雖內證四諦，但這內證並不究竟。

「**我生已盡**」，阿羅漢辟支佛仍然未能斷變易生死，所以有餘未盡，但依能斷分段生死，可方便說阿羅漢辟支佛得我生已盡。

「**梵行已立**」，阿羅漢辟支佛所得的只是有餘依涅槃，所以有餘未盡，但依有餘依涅槃，可方便說阿羅漢辟支佛得梵行已立。

「**所作已辦**」，阿羅漢辟支佛能斷凡夫及七種學人的煩惱，但未能斷一切煩惱，所以有餘未盡，但依「虛偽煩惱斷故」，可方便說阿羅漢辟支佛得所作已辦。

「**不受後有**」，阿羅漢辟支佛能斷分段生死，但未能斷變易生死，所以有餘未盡，但依能斷分段生死，可方便說阿羅漢辟支佛不受後有。

這即是說，若僅依四聖諦來觀修（觀察），實在未能究竟，依此義理，即知二乘必須趣入一乘（佛乘）。

經中說七種學人，即小乘聲聞八種階位之前七種。八種階位即為預流（srota-āpanna，須陀洹）、一來（sakṛd-āgāmin，斯陀含）、不還（anāgāmin，阿那含）、阿羅漢（arhat）四種聖者次第。每種皆有「向」與「果」，是即成為八種。詳列之即為——預流向（srotāpatti-pratipannaka，須陀洹）、預流果（srotāpanna）；一來向（sakṛdāgāmi-patipannaka，斯陀含）、一來果（sakṛdāgāmi-phala）；不還向（anāgāmi-pratipannaka，阿那含）、不還果（anāgāmi-phala）；阿羅漢向（arhat-pratipannaka，阿羅漢）、阿羅漢果（arhat）。此中，前六種皆為有學道聖者，阿羅漢向則為無學向聖者，唯得阿羅漢果者為無學道聖者，所以，前七種皆可說為學人，是即經中所說七種學人。

【劉宋譯】 **何以故？有煩惱是阿羅漢辟支佛所不能斷。煩惱有二種，何等為二：謂住地煩惱，及起煩惱。住地有四種，何等為四：謂見一處住地、欲愛住地、色愛住地、有愛住地。此四種住地，生一切起煩惱，起者刹那，心刹那相應。**

【唐譯】 何以故？是阿羅漢及辟支佛，有餘煩惱不斷盡故，不能了知一切受生。煩惱有二：謂住地煩惱，及起煩惱。住地有四，何等為四：謂見一處住地、欲愛住地、色愛住地、有愛住地。世尊，此四住地，能生一切遍起煩惱，起煩惱者，刹那刹那與心相應。

【釋義】 四、不斷無明住地，不得一味等味之解脫味。

羅漢及辟支佛有煩惱不能斷，所以便不斷無明住地。由於不斷無明住地，所以便不能得一切諸法一味、等味（平等味），這即是不能得解脫味。本段及以下數段經文，便是說明其不斷無明住地之故。

說不斷無明住地，先要由煩惱談起。

煩惱可以分為兩類：一類與心相應，稱為住地煩惱；一類與心不相應，稱為無明住地。

住地煩惱，經中說為四種：1、見一處住地（住一見處的住地）；2、欲愛住地；3、色愛住地；4、有愛住地。由這四住地，更生一切「起煩惱」（遍行煩惱）。也即是說以四住地為根本，由是有一切遍行煩惱。

四住地，為生起三界見惑與修惑的煩惱。住一見處住地指見惑，其餘三者指修惑。因為這些煩惱是見惑與修惑的所依處，所以稱為住地。

所謂住一見處，即是三界有情分別住於「一見」。例如我們這個世間，便以三度空間為一見，亦即是立體為一見。一切事物，甚至由概念而起的心理狀態，可以說都是立體的，這便是由於住一見而成，甚至可以說是天經地義。對於時間，我們亦有一見，我們的時間必然有過去、現在、未來，這亦是天經地義。所以說三界有情其實都是住於名言與句義的世間，一切諸法都依名言句義而建立成為有。

至於欲愛住地，則指欲界有情的一切思惑，以貪愛為主，因為有欲，是故有貪與愛，從而隨順貪愛而起「身見」。

色愛住地，指色界有情的一切思惑。例如對一切物質視為實有，由是即由色愛而起「身見」。欲界中人亦有此住地，因為欲界中亦有物質。

有愛住地，指無色界有情的一切思惑。在無色界中，已無欲愛，亦無對物質的色愛（因為無色界中沒有物質），但在他們的世間中，仍然會對「有」起執著，亦依他們的執著而成立「身見」，這便是「有愛」。欲界及色界中都有此住地，因為他們都會依「有」而起「有愛」。

由四住地，即成立了我與我所，身即我，我是有。欲界中人由欲愛、色愛、有愛成立自我，色界中人由色愛、有愛成立自我，無色界由有愛成立自我，所以修道的行人便以斷除這些思惑為主，由是斷除由「我」而起的我癡、我慢、我見、我愛。

若從我癡、我慢、我見、我愛來說，亦可以反過來，說四住地其實即是我見、我愛。因為有我見、我愛，才令一切有情執著自我，由是我癡、我慢同時生起，我癡便即是無明。

至於遍行煩惱，遍行的意思是，煩惱不局限於特定對象，周遍一切處而生起。佛家依四諦來說遍行煩惱，例如於苦諦，即有身見、邊見、邪見、見取見、戒禁取見等五種惑；於集諦，即有邪見、見取、疑、無明等四種惑。唯識家則另有建立，此處不說。

現在說無明住地（avidyāvāsabhūmi）。此與無明不同，不能將無明與無明住地二者相混，一切煩惱的根源便是無明住地。為甚麼在上說四住地之外還要成立這無明住地呢？可以這樣來理解，四住地以及由四住地所起的遍行煩惱，皆基於身見的「我」而建立，於「我」之外還有「法」，所以「我執」之外還有「法執」，一切法執便即是無明住地。

綜合四住地與無明住地，即是一切煩惱之所依所住處，也即是說，一切煩惱皆由這五住地而生，因為四住地都是我見、身見，所以歸類為我執的煩惱，是故說它與心相應，因為「我」與「身」其實都是由心建立。

我執之外的法執，雖由心執著，但所執的事物，則非以心為生因，所以說它與心不相應，這是本經的特義，亦可以說是如來藏的特義。現在對此特義作簡略說明——

如來藏見一切法，是「唯心所自見」，這即是將外境當成是客觀的存在，心見外境如是，則只是主觀對客觀的認知，所以並不認為外境可以由心生起。

這就不同唯識宗的「唯識無境」。唯識無境是認為外境一切法都由心識變現而成，若離心識，則不能成立外境，當這樣說時，便可以說心是外境的生因。

中觀宗則有「一切法唯心造」的說法。說一切法唯心造，似乎跟唯識無境相同，其實不是，因為層次較高。說一切法唯心造並不是說一切法依心識而成立，只是說對外境的認識須依心識。同樣一個外境，我覺得很美，你覺得不美，這便是「唯心造」了。所以「唯心造」並不是說外境須依心識而變現，只是說心識對外境有不同的認識。前者否定外境的客觀存在，絕對唯心，後者則只是主觀認識的問題，未否定客觀的外境，然而，既落於主觀認識，亦可以說心是外境的生因。

如來藏見一切法是「唯心所自見」，只是外境如是便見為如是，那就是絕對的客觀。心識對外境的認識，只起認識的功能，不存在肯定與否定。這樣說時，一切法的存在與顯現便與心不相應，亦即這些存在與顯現並不由心識成立，只由心識執著。由是便不能說心是外境的生因。

對於攝入一乘之第四種義理，必須明白上來所說，才能理解。上來的說法，其實已經非常簡略，如果依唯識家、天台家、華嚴家等說法，可以分別成為一本專論。

現在解釋經文。這裡是先說四住地，與及由四住地所起的「起煩惱」（唐譯「**遍起煩惱**」，藏譯「**遍行煩惱**」）。起煩惱剎那生起，心亦剎那與之相應。

依這段經文，即說三界眾生的我執煩惱，亦即依身見而起的煩惱，下文還說到這亦即是阿羅漢與辟支佛所能斷除的煩惱。如是即與心不相應的無明住地，亦即法執的煩惱相對，由是引起下文。

【劉宋譯】 **世尊，心不相應無始無明住地。世尊，此四住地力一切上煩惱依種，比無明住地算數譬喻所不能及。**

世尊，如是無明住地力，於有愛數四住地，無明住地其力最大，譬如惡魔波旬，於他化自在天色，力壽命眷屬眾具自在殊勝。

【唐譯】 世尊，無明住地，無始時來心不相應。世尊，四住地力，能作遍起煩惱所依，比無明地，算數譬喻所不能及。

世尊，如是無明住地，於有愛住地，其力最大，譬如魔王色力威德及眾眷屬，蔽於他化自在諸天。

【釋義】 此處第一段經文若依藏譯重譯，應該譯為 ——

> 世尊，無始時來，有無明住地與心不相應。世尊，此一切遍起煩惱所依之四住地力，與無明住地相比，算數譬喻所不能及。

比較起來，唐譯與之相近，劉宋譯造句比較粗糙，這應當與筆受者有關。

要了解無明住地何以與心不相應，同時具有超過四住地的力，應當由甯瑪派所說的「三無明」來理解。在筆者主編的《九乘次第論集》中，有說「三無明」一段，今引述如下 ——

> 一、「識」中之一分，以不能了知本始清淨根本覺之如實自性故，是為「一味自因無明」（rgyu bdag nyid gcig pa'i ma rig pa）。
>
> 二、於觀察外生之法爾所成顯現時，不能體悟其為自顯現及無自性，是為「俱生無明」（lhan skyes kyi ma rig pa）。
>
> 普賢王如來亦有此二〔無明〕，但因有智慧生起，故能引其至解脫境，而不致漂泊於輪迴。
>
> 三、眾生因不能證悟力用（rtsal）實為自體性與自力，尋伺為無自性，由是而墮「能」「所」二邊。復次，於〔人法〕二我中起遍計，恆思「我由彼生」

或「彼由我生」。此乃「遍計無明」（kun brtags kyi ma rig pa）。

三種無明中，第三種遍計無明，實由「尋伺」而成，與心相應，所以不能影響無明住地令其具有大力。可是第一種一味自因無明與第二種俱生無明，則與遍計無明不同，他們不由尋伺而成，不由心識力用而成，實為法爾，亦即自然而然而起，所以經中說是無始以來即有。令無明住地具有大力，即是這兩種無明。

這兩種無明為甚麼能令無明住地具有大力，此中實有密意，現在先依照文字（言說）來說。

一味自因無明是心識的本能。心識的本質就是分別，而且一定是依識境中的名言與句義而作分別，所以便自然不能了知根本覺的自性為本始清淨，因為根本覺是離名言句義的覺知，亦即離分別的覺知，這便不是識境中本來具分別的覺知。至於說普賢王如來亦有這種無明，依外義可以這樣理解：普賢王如來是法身，一落於識境即成色身。佛於究竟涅槃時證得自然智，其內自證智即是普賢王如來，然而，於證自然智同時即起後得智。由是可說，自然智與後得智雙運，亦即如來法身與色身雙運，因此便有心識本質的一味自因無明。任何人成佛都是這樣。

至於俱生無明，當用心識觀察外境時，由於心識的分別，自然對外境的顯現施設種種生因，此由彼生，彼由此生，沒有一樣事物，我們不替他建立生因。即使佛家所說的「緣生」，其實亦是生因的施設。至於「唯識無境」說一切法由心識變現，那便更是施設，所以這便是與生俱來的無明。因為心識即與生俱來，心識的分別功能亦與生俱來，是亦為法爾。法身與色身雙運時，自然便有這種無明。

這兩種連普賢王如來都具有的法爾無明，由於是法爾，所以與心不相應，同時具有大力，令其無明住地亦大力。說有大力，可以從「**普賢王如來亦有此二無明**」這句話來理解，因為法爾即不能斷（誰能斷自然而然的自然呢）。

那麼，釋迦成佛為甚麼又可以稱為涅槃呢？那是因為已有自然智生起，自然智既與後得智雙運，由後得智而成的兩種無明，便因自然智的引導，不起落於無明住地的力用，由是即成解脫。

上來所說，法義甚深，初學者可能難於理解，但耐心通讀全經之後，回頭再看本文即當能理解。現在只須要知道，有兩種法爾無明能令無明住地具有大力，這樣也就夠了。

經言：「**如是無明住地力，於有愛數四住地，無明住地其力最大。**」比較唐譯：「**如是無明住地，於有愛住地，其力最大。**」劉宋譯較為嚴謹，但造句艱澀，可依藏譯改譯為：「**如是無明住地力，於包括有愛住地在內的四住地，其力最大。**」

這樣的改譯，看起來似乎跟唐譯相同，其實有點出入。唐譯：「**如是無明住地，於有愛住地，其力最大。**」說的是「**無明住地**」，改譯所說則是「**無明住地力**」，唐譯少了一個「**力**」字，便有點不嚴謹。

經文說的是無明住地力對有愛住地的影響，影響很大，所以說其力最大。影響有愛住地的，是無明住地力，而不是無明住地，所以唐譯未夠嚴謹。這不嚴謹，在一般情況下不重要。例如我們說：這孩子受父親影響。那便很明白了，不須要嚴謹地說：這孩子受父親的影響力影響。但在佛學上，由於宗派林立，每一宗派都有很嚴謹的名言（這其實可以說是諷刺，因為佛學的究竟即是離言）。如果說，無明住地於有愛住地其力最大，就會給人指責，說是將無明住地和有愛住地建立為實體。一如世俗，將父親和孩子建立為實體（這時，他們當然會引經據典，依自宗的學說來鋪張），由是便可以指責，如來藏思想建立「真常」的實體，而且是離緣起來建立、用一個場所來建立，所以不是佛說，是外道說。為了避免這種情形出現，因此筆者便要在這裏強調譯筆的嚴謹，譯為「無明住地力」，便只是說無明住地的功能，不得牽涉為實體。事實上，現在指責如來藏的人，亦實在未依梵本或藏譯來指責，他們只是依漢譯來斷章取義，然後根據他們自己的理解，再加上他們執著自宗的道名言，這樣便將如來藏加以否定，亦即對一佛乘加以否定。這種情形，有毀滅佛法的危險，而且將佛法陷入唯心，失去佛家辯證的中道見。筆者在此申明須依藏譯改譯為「**無明住地力**」，順便發點小牢騷，實在不得不已，尚望讀者見諒。

經文所說：無明住地的影響力，對有愛等四住地影響最大，特別提出有愛住地，是因為此住地周遍三界。三界都有有愛住地，亦即有愛住地決定三界的輪迴，所以便不須要更說無明住地力對欲愛住地、色愛住地的影響。

所謂有愛，就是我們落在「有」的範限之內。我們用名言句義將一切法建立成為有，我們因此就變成無明，生活在有愛住地。我們為甚麼會建立成有呢？則正是因為無明住地力影響。

既受影響，將一切事物、一切概念都執著成「有」，再依心識的本能，將一切「有」加以分別，由是我們即依此有愛住地不斷輪迴。所以，若欲斷除輪迴，其實就是等於怎樣對付無明住地力對我們的影響。

筆者常將如來藏譬喻為螢光屏及屏上的影像，在這裡，便可以依譬喻來說，影像世界中的人，不認識螢光屏，亦不認識螢光屏上的影像世界其實是影像，所以便在這影像世界中不斷建立有愛，不斷輪迴。他們的不認識，實即緣於將影像世界執為實有，這執為實有，則緣於無明住地力。

譬如，佛說一切法如夢如幻，我們對此很難理解；佛說無生，我們對此亦很難理解，甚至因此生起恐怖，這便是由於無明住地力的影響，令我們對出離有愛住地生起疑惑與恐懼。

經中將無明住地力譬如為惡魔波旬，說言：「**譬如惡魔波旬於他化自在天，色力壽命眷屬眾具自在殊勝。**」這即是說，惡魔波旬具足由有愛住地所建立的色、力、壽、命、眷屬，是即將惡魔波旬比喻為無明住地力。說是在他化自在天，則是由於婆羅門教將他化自在天建立為造物主，一切諸法都由他化自在天主造成，所以才說惡魔波旬在此天中作種種建立。

【劉宋譯】 **如是無明住地力於有愛數四住地，其力最勝，恆沙等數上煩惱依，亦令四種煩惱久住，阿羅漢辟支佛智所不能斷，唯如來菩提智之所能斷。如是世尊，無明住地最為大力。**

【唐譯】 如是無明住地蔽四住地，過恆沙數煩惱所依，亦令四種煩惱久住，聲聞獨覺智不能斷，唯有如來智所能斷。世尊，如是如是，無明住地其力最大。

【釋義】 這句經文，說無明住地力有兩種功能。一者、為恆河沙數煩惱所依；二者、令四種煩惱久住。這兩種，便即是無明住地對有愛住地等四住地的影響力，因為能生這兩種影響，是故說無明住地其力最大。

現在，即可依密意一說上來所說的兩種無明，以及兩種無明何以令無明住地能生大力，此中密意即是如來藏。

關於一味自因無明，即是不知平等一味的自因，亦即不知清淨大平等性。依如來藏思想，一切諸法的存在與顯現（一切諸法的「有」），都是「自顯現」。強調「自」顯現，即是說並非由造作而成，而是由「任運」而圓成。所謂任運，即須由相礙緣起而說。一法的圓成，都要適應對這一法的相礙，以我們這個世間的人為例，我們便要適應很多局限才能圓成。例如時空、空氣的成分、水的成分、食物的成分，如是種種都非適應不可，更不要說遺傳因子這個重要的適應因素了。所以一個人，實在是適應局限圓滿，然後才能圓滿成立，這個適應便稱為「任運」。有甚麼相礙，我們便隨相礙而適應，此即任其相礙而適應，從而運作。由是說為「無功用」、不假人為、自在隨緣。

任運圓成實在基於大平等性，因為在法界中一切世間平等，一切世間中諸法平等。說為平等，是因為平等而具足如來法身功德，此功德無所偏私，周遍一切界。依此功德，一切諸法才得以任運圓成。這功德又建立為兩分：一名「現分」，即是周遍法界的生機，有此生機，諸法才可以由任運而圓成；一名「明分」，這即是一切諸法的區別分，例如人與螞蟻有所區別，此即人依其區別分而任運，而螞蟻亦依其區別分而任運，由是即成顯現不同、具區別的「明相」（區別顯現相）。

依上來的說法，我們便可以說，一切諸法的生因為「一味自因」。說為「一味」，即是平等；說為「自因」，即是以任運圓成的自顯現為因，自任運，自圓成，所以自顯現。說如來藏是如來內自證智境界上有識境隨緣自顯現，便即是以一味自因來建立識境。

由於「識」中有分別分，這分別分甚至還是識的本質，所以當覺知事物的時候，便只能依分別而覺。當依分別而覺時，便只能依識覺的名言句義而覺，由是即不能了知依一味自因而覺的本覺自性（本覺自性即是依一味自因而覺的覺性）。

說普賢王如來亦具有一味自因無明，依密意來說，即是說我們的心性。我們的心本初具足佛性，所以可以將我們的心性說為普賢王如來，然而，由於宿生以來的習氣，由於無明住地力，這便令具足佛性的心同時具有無明。種種無明實以「一味自因無明」為基礎（住地），因為由昧於一味自因，才會建立一切諸法中每一法各自為有，且由是成立人我、法我。如是即可說普賢王如來亦具有這種無明。

無明住地的力，可以令具本初佛性的心亦起無明，所以說無明住地具有大力。

現在再說俱生無明，這其實跟上來說法相同。外生的一切法（外境），其實都是任運而成顯現，任運即是自然、即是法爾，因此一切諸法的自顯現都是法爾。由於法爾，便只能說一切諸法都是自顯現，而且無自性，因為一切諸法都平等地以本性為自性，這裡說的本性即是如來法身自性，亦即是究竟空性。當昧於一味自因無明時，當然同時就會昧於俱生無明，因此便可以說普賢王如來亦具有這種無明。

無明住地具有兩種功能，即因心性具有兩種無明而致。由於有一味自因無明，即令一切煩惱生起。亦即對一切諸法建立生因時，即同時建立一切煩惱；由於有俱生無明，所以令四煩惱久住。亦即不能究竟建立諸法自顯現、無自性，是即無論用甚麼理論來建立「無自性空」、「空無自性」，實在仍然未能斷滅無明，因為一切理論都只是識境的名言與句義。依名言與句義來建立，即是未離識境，未離識境即成無明住地。

說到這裡，我們便可以知道，無明住地何以有此大力，令阿羅漢、辟支佛、大力菩薩都不能斷盡無明。

【劉宋譯】 **世尊，又如取緣有漏業因而生三有，如是無明住地緣無漏業因，生阿羅漢辟支佛大力菩薩三種意生身，此三地彼三種意生身生，及無漏業生，依無明住地，有緣非無緣，是故三種意生身及無漏業緣無明住地。**

【唐譯】 世尊，如取為緣有漏業因而生三有，如是無明住地為緣無漏業因能生阿羅漢及辟支佛，大力菩薩隨意生身，此之三地隨意生身及無漏業，皆以無明住地為所依處，彼雖有緣亦能為緣。世尊，是故三種隨意生身及無漏業，皆以無明住地為緣。

【釋義】 承接上段經文說阿羅漢、辟支佛、大力菩薩未離識境，由此而說他們的意生身（三種意生身）。意生身雖依無漏業而生，但亦實依無明住地而生，所以便可以說「**三種意生身及無漏業緣無明住地**」，由是說無明住地有大力。

有情的生起，必以業為因，所以經中先說三有緣有漏業因而生。有漏業依四住地及無明住地為緣，如是生起三有。

三有有兩種解釋，一是：欲有、色有、無色有，是即三界；一是：生有、本有、死有。生有指入胎的一刻，本有指人由生到死的階段，死有指人臨終的一刻。無論是那一種三有，都必然以有煩惱的業為因（有煩惱即是有漏），這煩惱業當然即依於四住地及無明住地。

阿羅漢、辟支佛雖已離有漏業，是故不依有漏業因而落三有，然而他們卻依然具有無漏業，且以此無漏業為因而成意生身，無漏業須有所依止（緣），此依止處便即是無明住地。

總的來說，即是阿羅漢等雖因無漏而不緣四住地，但卻因無漏業而緣無明住地。這即是說，無論是有漏的三有，無漏的三種意生身，都依緣無明住地。這樣一來，便不能說得三種意生身便是涅槃，因為涅槃即不再依緣無明住地。

在這裡，或者會有一個疑問，前面說，即使普賢王如來亦有兩種無明，那麼，為甚麼不可以說涅槃亦依無明住地呢？關於這個問題，須依密意來理解。在名言上，說普賢王如來有兩種無明，但我們在前面已解釋過，這實在是依根本智與後得智雙運來說，由於是雙運，所以便不能光看後得智這一邊，後得智雖然非有兩種無明不可，否則連釋迦牟尼都不能在這個世間生活。譬如說，他必須生長在三度空間的立體世界，但正由於後得智與根本智雙運，所以這後得智便不能說是依緣無明住地，因為在雙運時，兩種無明已依緣於雙運智，再不以無明住地為緣。因此前面已經說：「但因有智慧生起，故能引其至解脫境，而不致漂泊於輪迴。」是即不更依無明住地。

【劉宋譯】 **世尊，如是有愛住地數四住地，不與無明住地業同，無明住地異離四住地，佛地所斷，佛菩提智所斷。何以故？阿羅漢辟支佛，斷四種住地，無漏不盡不得自在力，亦不作證，無漏不盡者，即是無明住地。**

【唐譯】 同於有愛，世尊，有愛住地，不與無明住地業同，無明住地異四住地，異四住地唯佛能斷。何以故？阿羅漢辟支佛，斷四住地，於漏盡力不得自在，不能現證。何以故？世尊，言漏盡之增語。

【釋義】 依據上來說法，便可以得出結論：四住地業不同無明住地業。正由於其業不同，所以四住地即與無明住地不同，因此阿羅漢等雖然能離斷四住地，卻不能說他亦能斷無明住地。

說阿羅漢等不能斷無明住地，兩種漢譯都譯得有問題，此段經文應改寫為 ——

> 何以故？阿羅漢辟支佛雖斷四種住地，但其盡漏之力卻不得自在，不成現證〔涅槃〕。說為盡漏，只是增語，實際上仍依無明住地。

這樣改譯，意思便明白許多，不須更作解釋。

這裡說「盡漏」只是「增語」，是因為在一些經典上說阿羅漢及辟支佛已經「盡漏」，是故須要指出，所謂「盡漏」並不是說他們的無漏業亦盡，因此「盡漏」便只是言說上的增上，並不是究竟的密意。

大致上來說，相對於密意，凡言說都可以說是增上，例如說「自性空」，亦是增上，因為一切諸法都無自性，既無「自性」，何以又能說為「自性」空呢？這即是為了說空性，便外加「自性」這個名言來作言說。這種外加便即是增上，在言說上作增上是須要的，否則便很難表達一個意思。譬如我們說這個瓶是空性，無論你怎樣說空，瓶子分明就在眼前，因此我們便須要加「自性」這個名言來說，說為「瓶自性空」，若不作此增上，就不能說現前的瓶子為空。但依密意來說，卻必須知道言說的增上並非實際，不能因為說「自性空」，便認為一切諸法真的有一個「空」的自性。

所以說阿羅漢、辟支佛「盡漏」，我們應該依密意而理解，實際上只是說他們的有漏業盡，並不說其無漏業亦盡。

關於無漏業，我們不能因為無漏，便認為無漏業不須盡，凡有業力，都成為生死因，所以阿羅漢、辟支佛都不能斷變易生死，是故不得涅槃。

【劉宋譯】 **世尊，阿羅漢辟支佛最後身菩薩，為無明住地之所覆障故，於彼彼法不知不覺；以不知見故，所應斷者不斷、不究竟；以不斷故，名有餘過解脫，非離一切過解脫；名有餘清淨，非一切清淨；名成就有餘功德，非一切功德。以成就有餘解脫有餘清淨有餘功德故，知有餘苦、斷有餘集、證有餘滅、修有餘道，是名得少分涅槃。得少分涅槃者，名向涅槃界。**

【唐譯】 是故阿羅漢辟支佛，及最後有諸菩薩等，為無明地所覆蔽故，於彼彼法不知不見；以不知見於彼彼法，應斷不斷，應盡不盡；於彼彼法不斷不盡故，得有餘解脫，非一切解脫；得有餘清淨，非一切清淨；得有餘功德，非一切功德。世尊，以得有餘解脫非一切解脫，乃至有餘功德非一切功德故，知有餘苦、斷有餘集、證有餘滅、修有餘道。爾時，勝鬘夫人復白佛言：世尊，若復知有餘苦，斷有餘集，證有餘滅，修有餘道，是名少分滅度，證少分涅槃，向涅槃界。

【釋義】 阿羅漢等既未能斷無明住地，所以便依然受無明住地之所覆障。由此覆障，即有種種有餘不盡，環環相扣，由是不得究竟湼槃，只能稱為「**向湼槃界**」。

經中說此環環相扣的過失，即是——

> **由於無明住地覆障，所以對一切諸法中任何一法都不知不見，亦即知見上未能究竟。**

由於知見未究竟，所以未能斷所應斷，只能得到「**有餘過解脫**」，非離一切過的究竟解脫。

由於所得只是「**有餘過解脫**」，所以便只能得到「**有餘清淨**」，非一切清淨；只能得到「有餘功德」，非一切功德。

由此環環相扣，即可見一切過失的根源在於無明住地。以無明住地為基，由是所證都是「有餘」，有餘即是尚未究竟。以此之故，即連四諦亦未能究竟現證，經中說為：「**知有餘苦、斷有餘集、證有餘滅、修有餘道。**」這即是：於苦未能知一切苦，尚有餘苦未知；於集未能斷一切集，尚有餘集未斷；於滅未能證一切滅，尚有餘滅未證；於道未能修一切道，尚有餘道未修。言下之意，即是唯一佛乘於四諦始能究竟，由是引起下文。

【劉宋譯】 **若知一切苦，斷一切集，證一切滅，修一切道，於無常壞世間，無常病世間，得常住涅槃，於無覆護世間無依世間，為護為依。**

【唐譯】 若知一切苦，斷一切集，證一切滅，修一切道，彼於無常敗壞世間，得證常寂清涼涅槃，世尊彼於無護無依世間，為護為依。

【釋義】 如果「知一切苦，斷一切集，證一切滅，修一切道」，那就是無餘了，無餘亦即究竟。於一佛乘，始能究竟四諦。由究竟故，才能在我們這個無常、壞、病世間得「常住涅槃」。

說涅槃為常、住，是與無常、壞、病世間相對。常與無常相對，住與壞、病相對。世間的究竟即是無常、壞、病，一切諸法到底都必無常、壞、病；出世間的究竟，即是常、住。因此，這裡所說的相對，是究竟相對，而不是分高下、優劣的相對。

下文所說，即與究竟相對有關。

【劉宋譯】何以故？法無優劣，故得涅槃；智慧等，故得涅槃；解脫等，故得涅槃；清淨等，故得涅槃。是故涅槃一味、等味，謂解脫味。

【唐譯】 何以故？於諸法中，見高下者不證涅槃，智平等者，解脫等者，清淨等者，乃證涅槃，是故涅槃名等一味，云何一味，謂解脫味。

【釋義】 上來說阿羅漢等於一切諸法未能了知，原因即在於不能悟入大平等性。未能悟入大平等性，即不能於平等中究竟相對。這即是說，他們要有所斷，是分優劣而斷，亦即分別善與不善而斷，如是即不能離分別而平等。甚至對於世間與出世間，他們亦分善與不善，世間當然是不善，出世間當然是善，有此分別，世間與出世間即不平等，佛與凡夫即不平等。

所以阿羅漢等的出離，是有作意、有分別而求出離。凡有作意，必依分別，這就是受到無明住地力的影響。佛何以能得究竟涅槃，無非只是現證大平等性而知見一切諸法，於大平等性中知見，即成究竟。

因此，經中強調智慧平等、解脫平等、清淨平等。這亦即是說，涅槃與輪迴平等、佛與凡夫平等。亦可以說是善與不善平等、世間與出世間平等。強調大平等性，是如來藏的根本思想，倘若不平等，便不成雙運，因為既有善與不善的分別，則善與不善何從雙運。

在如來藏思想中，說善與不善平等，可能引起怖畏，依世間心識，總覺得非將善與不善作分別不可，否則善人便與惡人相等，變成善惡不分。若依如來藏思想，便認為雖然在識境中應有善惡的分別，但所謂善惡，實在是依名言句義而成相對，如果名言句義盡、分別盡、相對盡，便可以說善與不善平等。這是超越識境的說法，因為一定要超越識境，才能夠住入如來藏境界。

如來藏思想不否定世間，所以在識境中有善不善，由是有因果。但若說成佛，則必須超越識境，現證智識雙運的境界，即使如來法身不成顯現，亦須現證佛內自證智及其功德，是亦即智境與識境雙運。至於色身，當然更是智識雙運，根本自然智是智境，後得智則是識境，二者不離不異，無有優劣，是即智平等；二者無捨無離，是即解脫平等；二者無善不善，是即清淨平等。

由此大平等性，經言「湼槃一味、等味」，這一味、等味便即是解脫味。

【劉宋譯】 世尊，若無明住地不斷不究竟者，不得一味、等味，謂明解脫味。何以故？無明住地不斷不究竟者，過恆沙等所應斷法，不斷、不究竟，過恆沙等所應斷法不斷故，過恆沙等法應得不得、應證不證，是故無明住地積聚生一切修道斷煩惱上煩惱。

【唐譯】 世尊，若無明地不斷不盡，不得涅槃一味、等味。何以故？無明住地不斷不盡故，過恆沙等一切過法，應斷不斷，應盡不盡，過恆沙等一切過法不斷不盡故，過恆沙等諸功德法不了不證，是故無明住地，與於一切所應斷法諸隨煩惱為生處故。

【釋義】 無明住地「**不斷不究竟**」，是因為對大平等性未能知見，所以說「**不得一味、等味**」，是即不得唯一，不得大平等。這一味、等味，即是「**明解脫味**」。說為「**明解脫**」，相對的便是由無明而輪廻。

說無明住地不斷不究竟，即是說對一切所應斷的諸法未能盡斷，是故不究竟。未能盡斷的原因，便是由於有前面說過的法執。此如小乘行人，由言說來執著四諦，便始終落入識境，這便是依言取義的法執；又如落入唯空見的菩薩乘行人，以空性為真實，當說一切諸法空性時，便以為能依空性證入真實，這亦是依言取義的法執。前面說，由法執成立無明住地，便是這個意思。

如果拿螢光屏的譬喻來說，所謂法執，便即是住在螢光屏影像世界的人，心識未能離開影像世界，只在影像世界中作種種分別，分別為清淨與污染，對於認為清淨的諸法則生執著，不肯捨離，而且將此諸法看成是實有，因此，這些執著便成為無明住地。

對所應斷法不斷不究竟，則令「**過恆沙等法應得不得、應證不證**」，是即應斷不斷而致應得不得、應證不證。這樣一來，便導致「**無明住地積聚生一切修道斷煩惱上煩惱。**」

經文「**無明住地積聚生一切修道斷煩惱上煩惱**」一句，譯得艱澀，唐譯作「**無明住地，與於一切**

所應斷法諸隨煩惱為生處故」，則譯得有缺漏。依藏譯，這句經文應理解為：「無明住地，是一切修道所應斷之煩惱，以及其隨煩惱的生處。」這即是說，應斷未斷的煩惱以及其隨煩惱，都以無明住地為根。亦可以說，實以法執為根源，也就是未能現證「法無我」。

【劉宋譯】彼生心上煩惱、止上煩惱、觀上煩惱、禪上煩惱、正受上煩惱、方便上煩惱、智上煩惱、果上煩惱、得上煩惱、力上煩惱、無畏上煩惱，如是過恆沙等上煩惱，如來菩提智所斷，一切皆依無明住地之所建立，一切上煩惱起，皆因無明住地緣無明住地。

【唐譯】從於彼生，障心煩惱，障止煩惱，障觀煩惱，障靜慮煩惱，如是乃至障三摩鉢底，加行智果證力無畏，所有過恆沙等一切煩惱，如來菩提，佛金剛智之所能斷，諸起煩惱，一切皆依無明住地，無明住地為因緣故。

【釋義】 由於有應斷未斷的煩惱及其隨煩惱，便引生「**心上煩惱、止上煩惱、觀上煩惱、禪上煩惱、正受上煩惱、方便上煩惱、智上煩惱、果上煩惱、得上煩惱、力上煩惱、無畏上煩惱。**」這段經文，應依唐譯理解為「**障心煩惱、障止煩惱、障觀煩惱、障禪煩惱、障正受煩惱、障方便煩惱、障智煩惱、障果煩惱、障得煩惱、障力煩惱、障無畏煩惱。**」這些作障的煩惱，其實即是隨煩惱，亦可以說是隨著煩惱而起的支分煩惱。

這裡說受隨煩惱障的種種，如心、止、觀以至力、無畏，都是修行道上的基、道、果。心即為基；止、觀、禪、正受、方便等即為道；智、果、得、力、無畏等即為果。

這裡說的隨煩惱，依《俱舍論》可分為三類——

1、大煩惱地法，指放逸、懈怠、不信、昏沉、掉舉；

2、大不善地法，指無慚、無愧；

3、小煩惱地法，指忿、覆、慳、嫉、惱、害、恨、諂、誑、憍等十種，及不定地法中之睡眠、惡作。

若依《成唯識論》，三類隨煩惱便是——

1、小隨煩惱，指忿、恨、覆、惱、嫉、慳、誑、諂、害、憍等十種；

2、中隨煩惱，指無慚、無愧等二種；

3、大隨煩惱，指掉舉、昏沉、不信、懈怠、放逸、失念、散亂、不正知等八種。

將受障與作障二者比較，便可以知道二者的關係。例如障心，便可以說二十種隨煩惱都可以作障；又如障止、障觀等道上種種，便可以說是中隨煩惱與大隨煩惱等十種作障；又如障智、障果等果上種種，便可以說是不信、不正知作障。

此中所說的正受，即是行者的正覺受。行者於修止觀時，由決定見生起覺受，若不正知，則覺受不正，所以正受即由正知而起。

此中所說的智，即由正受而生起，由正受而起一心理狀態，這心理狀態便可以稱為智境。

此中所說的果，即依智觀修而得一現證，現證時的心理狀態，便即是果。

此中所說的得，即由現證果而有所得，可以說是對現證時心理狀態的體會。

此中所說的力、無畏[5]，即由有所得時，於觀修中

---

[5] 依《自在王菩薩經》所示：佛告自在王，有阿惟越致菩薩，已久習行得無生法忍住第八地入第九地，為般若波羅蜜方便所護，如是菩薩則能具成菩薩「十力」、「四無所畏」、「十八不共法」。今將力、無畏分述如下——

（一）「菩薩十力」。即（1）發深堅心力，為薩婆若（漢譯為一切種智，是諸佛究竟圓滿果位之大智慧）故；（2）不捨一切眾生力，具慈心故；（3）具大悲心，不求一切利養故，捨一切世界飾好故；（4）具大進力，信一切佛法故，能成是法故，心不退沒故；（5）住不動定力，行念安慧故，不壞儀法故；（6）具般若波羅蜜力，離二邊故，順緣生法故，斷一切見不別戲論故；（7）於生死中無疲倦力，成眾生

自然而然起的功能。

這些隨煩惱障礙修行人於基、道、果的觀修，唯佛智能斷。行人於觀修時未得佛智，便只能隨著觀修的程度來次第斷除。例如，先能斷小隨煩惱，然後斷中隨煩惱，再次第斷大隨煩惱。這裡說的斷，並不是有作意而斷，而是依著觀修的逐步深入而得自然斷除。例如當行者於觀修時，既得正受，於止觀中便復能得方便（例如得入等至）。這逐步深入，便即是超越，超越一個狀態到另一個狀態，則前一狀態的隨煩惱便自然消失，所以對於隨煩惱實在不是有作意的斷除。

故，受無量生死故，習善德無厭足故，信解有為法如夢故；（8）無生法忍力，觀諸法相故，無我無人無眾生故，信解不生不起法故，信樂無生法論故；（9）得脫門力，入空無相無作法故，觀諸脫門故，得聲聞辟支佛乘解知見故；（10）具無礙智力，於深法中不隨他智故，觀一切眾生心所行故。

（二）「菩薩四無所畏」。即（1）得陀羅尼故，一切所聞能持故，常不忘念故，於大眾中說法無所畏；（2）隨一切眾所信解而為說法，如隨病合藥，知見一切眾生諸根，隨應說法，於大眾中而無所畏；（3）是菩薩眾中說法無所疑難，無有東方南方西方北方有來問我我不能答，乃至無有微畏之相，忞於眾生之所問難，隨問為答而無所畏；（4）善能斷疑故，於大眾中說法無所畏。

【劉宋譯】世尊，於此起煩惱，剎那心剎那相應。世尊，心不相應無始無明住地。

世尊，若復過於恒沙如來菩提智所應斷法，一切皆是無明住地所持、所建立。譬如一切種子，皆依地生，建立增長，若地壞者，彼亦隨壞。如是過恒沙等如來菩提智所應斷法，一切皆依無明住地生、建立、增長。若無明住地斷者，過恒沙等如來菩提智所應斷法，皆亦隨斷。

如是一切煩惱上煩惱斷，過恒沙等如來所得一切諸法，通達無礙一切智見，離一切過惡，得一切功德法王法主而得自在，登一切法自在之地。

如來應等正覺正師子吼，我生已盡，梵行已立，所作已辦，不受後有。是故世尊，以師子吼依於了義，一向記說。

【唐譯】 世尊，此起煩惱，剎那剎那與心相應。世尊，無明住地從無始來心不相應。

世尊，若復過恆河沙如來菩提，佛金剛智所應斷法，一切皆是無明住地，依持建立。譬如一切種子叢林，皆依大地之所生長，若地壞者彼亦隨壞。如是過恆沙等如來菩提，佛金剛智所應斷法，一切皆依無明住地之所生長。若彼無明住地斷者，過恆沙等如來菩提，佛金剛智所應斷法，皆亦隨斷。

如是過恆沙等所應斷法，一切煩惱及起煩惱，皆已斷故，便能證得過恆沙等不可思議諸佛之法。於一切法，而能證得無礙神通，得諸智見離一切過，得諸功德為大法王。於法自在，證一切法自在之地。正獅子吼，我生已盡，梵行已立，所作已辦，不受後有。是故世尊，以獅子吼，依於了義一向記說。

【釋義】 隨煩惱與心相應，無明住地與心不相應，這一點前面已經提過。今說「若復過於恒沙如來菩提智所應斷法，一切皆是無明住地所持、所建立」，即是說無明住地所持、所建立的隨煩惱，唯有佛智（如來菩提智）才能斷除。

前面已經說過，所謂斷除其實是超越，當恆沙數如來證得菩提智時，即已超越一切而成無上，所以這是最高的超越，唯有由此超越，才能自然而然斷除無明住地所持、所建立的煩惱及隨煩惱。這即是由根本來斷除，而不是針對個別的煩惱、隨煩惱來別別斷除。也就是說，當能超越世間，現證如來智時，由於已超越與心不相應的無明住地，所以一切煩惱、隨煩惱便亦即根除。對於根除，用大地作比喻，大地壞時，一切種子亦壞。

佛智何以能夠根除一切煩惱、隨煩惱？這是由於佛證一切種智而成涅槃。由於是一切種智，此智無邊，所以即遍知一切諸法平等一味。因為平等，所以才能稱為究竟涅槃。

依《大智度論》（卷八十四）：聲聞、緣覺所證為「一切智」，這是了知一切諸法總相之智，所謂總相，即是空相；菩薩所證為「道種智」，這是了知一切諸法別相之智，所謂別相，即是諸法的差別。佛所證為「一切種智」，這是了知一切諸法總相及別相之智。由所證智不同，便可以理解為甚麼阿羅漢、辟支佛不能現證究竟涅槃，只知總相，不知別相，便仍然落於一切諸法的差別而不了知，由是便不能遍知一切諸法平等一味。

經文由是接著說，當一切煩惱、隨煩惱斷時，無數如來（過恆沙等如來）即得一切諸法，得一切智見，離一切過惡，得一切功德而登一切法自在之地。所謂一切法自在之地，即是佛內自證智境界。在智境中含藏一切法，亦即含藏一切法異門，所以說一切法自在。四諦、十二因緣、六波羅蜜多等諸法，無不於佛智中自在，是故可依佛智密意來自在建立言說。這也即是說，依佛內自證智為根本，從而建立言說，說一切法異門。

正由於此，佛說解脫四智：「**我生已盡，梵行已立，所作已辦，不受後有。**」若依於了義，即是獅子吼，這便不同二乘行人對解脫四智的不了義現證。了義的解脫四智，說我生已盡，是現證無生；說梵行已立，是現證無礙；說所作已辦，是應斷已斷，應證已證；說不受後有，是得無上正等正覺及大涅槃。

【劉宋譯】 **世尊，不受後有智有二種，謂如來以無上調御，降伏四魔出一切世間，為一切眾生之所瞻仰，得不思議法身；於一切爾焰地，得無礙法自在；於上更無所作無所得地，十力勇猛昇於第一無上無畏之地；一切爾焰無礙智觀不由於他，不受後有智師子吼。**

【唐譯】 世尊，不受後有智有二種。何謂為二：一者謂諸如來以調御力，摧伏四魔超諸世間，一切有情之所瞻仰，證不思議清淨法身；於所知地得法自在；最勝無上更無所作，不見更有所證之地，具足十力，登於最勝無畏之地；於一切法無礙觀察，正獅子吼，不受後有。

【釋義】 五、不受後有智。

不受後有智有兩種，今說第一種。

第一種是如來的不受後有智，這可以用四無畏來說。

一、是正等覺無畏，是即由現證等覺而覺知一切諸法，是故即由住於正見而無所怖畏，不受屈伏。

二、是漏永盡無畏，是即斷盡一切煩惱，無外難可成怖畏。

三、是說障法無畏，是即闡示修行障礙之法，對一切非難無所怖畏。

四、是出苦道無畏，是即宣說出離世間之道，無罣礙而無所怖畏。

經中說「**降伏四魔出一切世間**」，「**得不思議法身**」，四魔是蘊魔、煩惱魔、死魔、天子魔。此中蘊魔即是五蘊，人執著五蘊為自我，是即蘊魔；煩惱魔即前說四住地及無明住地所生的一切煩惱；死魔即落於生滅現象的世間見；天子魔即自然災害以及由王法帶來的災難。由降伏四魔，得出一切世間，是即出苦道無畏。

經中說「**於一切爾焰地，得無礙法自在。**」爾焰是梵文 jñeya，意思是「智境」。如來於一切智境中無礙而得法自在，由是可說一切法異門，用以闡示修行障礙之法，是即說障法無畏。

經中說「**於上更無所作無所得地，十力勇猛昇於第一無上無畏之地。**」這是由於已斷盡一切煩惱，於上更無超越（所以說為「**於上更無所作無所得地**」或「**不見更有所證之地**」），是即漏永盡無畏。

經中說「**一切爾焰無礙智觀不由於他**」，即是佛由通達一切法而無礙，證不由於他的自然智（唐譯失此義），是即正等覺無畏。

【劉宋譯】 **世尊，阿羅漢辟支佛，度生死畏，次第得解脱樂，作是念，我離生死恐怖不受生死苦。世尊，阿羅漢辟支佛觀察時，得不受後有，觀第一蘇息處涅槃地。**

【唐譯】 二者謂阿羅漢及辟支佛，得度無量生死怖畏，受解脱樂，作如是念，我今已離生死怖畏，不受諸苦，世尊，阿羅漢辟支佛，如是觀察謂不受後有，不證第一蘇息涅槃。

【釋義】 不受後有智的第二種，是阿羅漢及辟支佛的智。

阿羅漢及辟支佛既已斷分段生死，度生死怖畏，由是次第得解脫樂，這便是他們的解脫四智中的前三智。斷分段生死是「我生已盡」、度生死怖畏是「梵行已立」、得解脫樂是「所作已辦」。阿羅漢及辟支佛由此觀察，便以為已得「不受後有」，然而由於證此三智未成究竟，有餘未盡，所以他們所得的其實只是「**第一蘇息處涅槃地**」，其證不受後有智的局限即是如此。因此我們也可以說，阿羅漢及辟支佛的「我生已盡，梵行已立，所作已辦，不受後有」並非獅子吼。

經言「**第一蘇息處涅槃地**」，實指二乘最高果位的現證。「**蘇息處**」（assāsaniyādhammā）意為身心俱滅的境界，二乘即以此為涅槃。二乘行人證得阿羅漢或辟支佛果，所得的蘇息處，便是第一蘇息處，因為比較得其他果位的行人為上。唐譯誤解「第一」為佛所證的涅槃，以為是無上、最勝的意思，所以便加一「**不**」字，譯為「**不證第一蘇息涅槃**」，實為誤譯。

將如來的不受後有智與阿羅漢、辟支佛的不受後有智比較，便知二乘必須攝入一乘。因為一乘之所證，可以融攝二乘之所證，而二乘之所證，則跟一乘之所證有很大一段距離。

【劉宋譯】 **世尊，彼先所得地，不愚於法，不由於他，亦自知得有餘地，必當得阿耨多羅三藐三菩提。何以故？聲聞緣覺乘皆入大乘，大乘者即是佛乘，是故三乘即是一乘。得一乘者，得阿耨多羅三藐三菩提；阿耨多羅三藐三菩提者，即是涅槃界；涅槃界者即是如來法身；得究竟法身者，則究竟一乘，無異如來、無異法身，如來即法身，得究竟法身者，則究竟一乘，究竟者即是無邊不斷。**

【唐譯】 彼等於未證地不遇法故，能自解了，我今證得有餘依地，決定當證阿耨多羅三藐三菩提。何以故？聲聞獨覺皆入大乘，而大乘者即是佛乘，是故三乘即是一乘。證一乘者得阿耨多羅三藐三菩提，阿耨多羅三藐三菩提者即是涅槃。言涅槃者即是如來清淨法身，證法身者即是一乘，無異如來，無異法身，言如來者即是法身，證究竟法身者即究竟一乘，究竟一乘者即離相續。

【釋義】 六、二乘非皈依處，唯佛為真實依。

「**彼先所得地**」是承接上段經文而言，指「**第一蘇息處涅槃地**」。二乘行人證入此地，能夠自知所得尚未究竟（「**得有餘地**」），尚須現證阿耨多羅三藐三菩提，是即轉入大乘（一乘）。

阿耨多羅三藐三菩提，是梵文 anuttara-saṃyak-sambodhi 的音譯。anuttara 是「無上」的意思，saṃyak 可意譯為「正圓」，sambodhi 是「正覺」的意思，合起來即「無上正圓正覺」。這即是佛所證的覺。不過，這梵字又譯為「無上正等正覺」，那便是意譯，譯師知道唯有「平等」才能「圓滿」，所以便依密意而作意譯。

一乘究竟即現證阿耨多羅三藐三菩提，由是入涅槃現證自然智，是即佛內自證智；佛內自證智的境界，名為如來法身，所以說「**得究竟法身者，則究竟一乘。**」

經言：一乘「**無異如來，無異法身，言如來者即是法身，證究竟法身者即究竟一乘。**」那是將「**如來**」、「**法身**」匯合而說，這是如來藏思想的特色，是即將佛內自證智境界視為「如來法身」，如是建立智境；同時將如來法身的功能（如來法身功德）建立識境，由是智境與識境自然雙運，因為如來法身必然與其功能雙運。所謂「**究竟一乘**」，便即是現證如來藏智。

本段經文最後一句說，「**究竟者即是無邊不斷」，唐譯作「究竟一乘者即離相續」，藏譯作「究竟者即與一乘究竟相合」，三譯意義各各不同，試分別解釋如下。

若說「究竟者即是無邊不斷」，那便是說斷除一切邊見而成究竟。一切世間言說都落名言句義中，名言句義則根據相依、相對而成立，所以都是邊見，能盡斷除是即究竟。

若說「究竟一乘者即離相續」，那便是說得離識境，因為相續即是有為法的因果連續不斷，成為前因後果。只有識境才有前因後果，智境則已超越因果，所以離相續便是離識境。

若說「究竟者即與一乘究竟相合」，那便是說，所謂「究竟」，便即是一乘的究竟。言下之意，除了一乘的究竟便都不是究竟，這樣便可以理解為以如來藏的智識雙運境界為究竟。

比較三種異譯，當以藏譯為長，劉宋譯亦可相當，唐譯只說離識境，實未究竟。

【劉宋譯】 世尊，如來無有限齊時住，如來應等正覺後際等住，如來無限齊，大悲亦無限齊，安慰世間，無限大悲無限安慰世間。作是說者是名善說如來。若復說言：無盡法、常住法，一切世間之所歸依者，亦名善說如來。

【唐譯】 何以故，世尊，如來住時無有限量，等於後際，如來能以無限大悲無限誓願，利益世間，作是說者是名善說，若復說言：如來是常、是無盡法，一切世間究竟依者，亦名善說。

【釋義】 「**有限齊時住**」，意思是所住的時間受局限，如來已超越時間，所以不能說其所住有時間限制。

「**如來應等正覺後際等住**」，意思是說前際與後際平等，由是即無前後際的分別，既無分別，便沒有時間的局限，因為所謂時間，只是前際與後際的相續不斷，是故若無前後際的分別，即不能成立時間。這一句是解釋前句，如來何以沒有「**有限齊時住**」，也等於是解釋何以沒有時間限制。

接下來說「**如來能以無限大悲無限誓願，利益世間**」，那便是說如來法身功德。如來法身功德具有「現分」、「明分」，由是得成識境自顯現，識境中的眾生便將這些功德讚歎為如來的大悲。

至於何以如來有此大悲，則看作是依如來的誓願而成。如來於未成佛時，即有利益世間的悲心，這便是他的本誓，所以當成佛後，即由本誓而成利益世間的功德。這當然是依眾生的觀點來成立如來的大悲與誓願，作這樣的成立，亦實在是為了利益行人的修行。因為觀修如來藏，必須依兩種菩提心雙運來觀修，悲心與本誓，也就即是兩種菩提心雙運。菩薩證智的境界愈高，本誓便愈大。證智的境界是智，本誓是悲，所以說為智悲雙運。然而這本誓實在是為識境而發，所以智悲雙運便亦即是智識雙運。

正因為這幾句經文說的是智識雙運，所以說「**作**

是說者，是名善說如來。」

復次，「若復說言：無盡法、常住法，一切世間之所歸依者，亦名善說如來」，因為如來法身是無盡法、常住法，所以唯有皈依如來，才能說是究竟皈依，所以作是說者，亦名善說如來。

所謂「善說如來」，依經文的密意，即是善說如來藏。如來藏是如來法身與如來法身功德雙運，必須由雙運來悟入，才成善說。

【劉宋譯】是故於未度世間、無依世間，與後際等，作無盡歸依、常住歸依者，謂如來應等正覺也。法者即是說一乘道、僧者是三乘眾，此二歸依非究竟歸依，名少分歸依。

【唐譯】 是故能於無護世間、無依世間，與等後際，作無盡歸依、常住歸依、究竟歸依者，謂如來應正等覺。法者是一乘道、僧者是三乘眾，此二歸依非究竟依，名少分歸依。

【釋義】 這裡是說皈依佛、法、僧，唯皈依如來（佛）才是究竟皈依。

因為如來常住，常即無盡，所以無所依怙的世間，恆時都應皈依如來。所謂與後際等，即是恆時。如來是常，皈依亦常，但這不是說皈依者為常，只是說超越三時以皈依，是故為常。

在這裡稍為說點題外話。如來法身本來超越時間與空間，但在經論中多只說超越時間，未說超越空間，原因是為行者着想。行者在觀修時，很難超越空間而觀，但卻可以超越時間而觀，這即是觀修「無念」。若有念，便念念相續，由是而有前際與後際。若住無念，於所住境界中自然離相續，因為已離念念。所以經論只說超越時間，當說超越時間時，其實已包含了超越空間的意思。

由三寶看皈依，佛是如來，法由佛所說，僧即依法而觀修，所以在一乘中，依然以皈依佛為究竟，因為法與僧都實依佛而來。本段經文即由皈依三寶來抉擇，說皈依法與僧不是究竟皈依，只是少分皈依。

【劉宋譯】何以故？説一乘道法，得究竟法身，於上更無説一乘法身。三乘眾者有恐怖，歸依如來，求出修學向阿耨多羅三藐三菩提，是故二依非究竟依，是有限依。

【唐譯】 何以故？説一乘道證究竟法身，於後更無説一乘道，三乘眾者有恐怖故，歸依如來求出修學，有所作故，向阿耨多羅三藐三菩提故，二依非究竟依，是有限依。

【釋義】 繼續比較三乘。

觀修一乘道法得究竟法身，更不能在究竟法身上說一乘法身，這究竟法身即是如來，皈依如來便是無限皈依。

比較起來，聲聞、緣覺、菩薩三乘，由於有餘不盡，所以都有恐怖。因為恐怖（生死），所以皈依如來，以求由修學而得現證阿耨多羅三藐三菩提，是即「**向阿耨多羅三藐三菩提。**」這樣便不是無限，而是有限；不是究竟，而是有餘未盡，所以皈依法與僧，都只是有限皈依。

【劉宋譯】 **若有眾生如來調伏，歸依如來，得法津澤，生信樂心歸依法僧，是二歸依。非此二歸依是歸依如來。歸依第一義者，是歸依如來。此二歸依第一義，是究竟歸依如來。何以故？無異如來，無異二歸依，如來即三歸依。何以故？說一乘道，如來四無畏成就師子吼說，若如來隨彼所欲而方便說，即是大乘無有三乘，三乘者入於一乘，一乘者即第一義乘。**

【唐譯】 若諸有情，如來調伏，歸依如來，得法津潤，由信樂心，歸依於法及比丘僧，是二歸依。由法津潤信入歸依，如來者非法津潤信入歸依。言如來者是真實依，此二歸依以真實義，即名究竟歸依如來。何以故？如來不異此二歸依，是故如來即三歸依。何以故？說一乘道，如來最勝具四無畏，正獅子吼，若諸如來，隨彼所欲而以方便，說於二乘即是大乘，以第一義無有二乘，二乘者同入一乘，一乘者即勝義乘。

【釋義】 這裡是依密意來說，皈依一乘即同時皈依佛、法、僧。

眾生由於信樂，皈依法或皈依僧，這「**得法津澤**」其實即是「**如來調伏，皈依如來。**」

皈依法或僧，是二皈依。經言「**非此二皈依是皈依如來**」，這是為皈依如來下一定義，不是二皈依便是皈依如來，不是皈依法或皈依僧，便是皈依如來。這即是說，不能由皈依法而受法的局限，不能由皈依僧而受僧的局限。如來所說法只是言說，若皈依言說，便是受法的局限，是即須皈依如來的密意，這便是皈依如來；僧是依如來所說法而修習，其一己證量必未成究竟（若已究竟便是如來），若皈依未究竟的知見，便是受僧的局限。如果善知識的知見已入究竟一乘，同時亦能入究竟一乘道，皈依這樣的善知識，便不只是皈依僧，可以說是皈依如來。前文曾說：攝受正法者即是正法，所以皈依攝受正法的善知識，便即是皈依如來。

依這樣的理解，便知道皈依如來為究竟，同時知道，皈依法與僧的第一義皈依，即是究竟皈依如來。前面說皈依法須皈依密意、皈依僧須皈依已入究竟一乘的善知識，是即第一義的二皈依。

綜合來說，二皈依不真實，究竟真實是皈依如來。然而，二皈依亦可以真實，依第一義的二皈依便究竟真實。

下面的經文即依此而引伸，由於第一義的二皈依即皈依如來（無異如來），然而亦是二皈依（無異二皈依），所以如來便即是三皈依處。

為甚麼說如來即是三皈依處？因為如來說一乘道，以四無畏獅子吼說法，是故究竟。然而，如來亦依方便而說二乘法，這二乘法其實亦是一乘，言說為二乘，依密意則入一乘，因此若得言說的密意，便可以說三乘入於一乘。由是總結：一乘即勝義乘。

六・無邊聖諦

【劉宋譯】 世尊，聲聞緣覺初觀聖諦以一智斷諸住地，以一智四斷知功德作證，亦善知此四法義。世尊，無有出世間上上智，四智漸至及四緣漸至，無漸至法是出世間上上智。

【唐譯】 世尊，聲聞獨覺初證聖諦，非以一智斷諸住地，亦非一智證四遍知諸功德等，亦非以法能善了知此四法義。世尊，於出世智，無有四智漸至漸緣。世尊，出世間智無漸至法。

【釋義】 說無邊聖諦，須先說「無邊」。

無邊雖然可以解為無限、無盡，但正確一點，其實應該解為「無有邊際」。說無有邊際，當然已經包涵無限、無盡的意思，然而尚有密意，應該解為「不落邊際」。

「無邊」的梵文是 a-paryanta，他的字根 paryanta，意思是「邊界」、「邊際」，所以 a-paryanta 的意思便應該是無有邊界、無有邊際。此外還有一個意思，不由作意而生成，這就更可以理解為離一切邊際了。因為凡有作意，必然落邊，作意是心識的運作，心識不離分別，分別便是落邊。

拙譯龍樹《法界讚》有一頌說——

究竟周遍一切邊　噫彼蓮花億萬千
朵朵含藏鮮花蘂　瓣瓣光明寶莊嚴[6]

這首讚頌說的是法界，亦即是如來法身，法身究竟離邊，遠離一切諸識境的名言與句義，所以說「究竟周遍一切邊」。至於如來法身上隨緣自顯現的識境，則說為「法界莊嚴」，在偈頌中便用蓮花作為比喻。識境中一切法的自顯現，都充滿生機（現分），所以說「朵朵含藏鮮花蘂」，花蘂可以傳播種子，所以表徵為生機；此外，還有明分（區別分），通常都用光明來表徵，所以頌文說「瓣瓣光明寶莊嚴」。這偈頌是龍樹論師對

[6] 見拙譯《四重緣起深般若》附錄，台北：全佛文化，2005。下引同。

無邊法界帶詩意的讚頌，可是說的雖然是法界，其實藉這偈頌，我們對如來藏便亦有所理解。

能理解無邊，才能理解下面經文說如來藏的理趣。本處經文，只是為說如來藏而先說聖諦，這聖諦即以如來藏為依止處。

這裡說的聖諦，即是苦、集、滅、道四諦。一般人總以為觀修四諦、現證四諦只屬小乘，其實不是，一乘教法現證如來藏智，其所現證亦可以說是四諦。經文所說，便即是小乘的證四諦智，以及佛所現證的四諦智。小乘四諦智落於邊際，落邊的原因，即在於法執，執著苦、集、滅、道的名言，便即是住於識境中而起執著，這樣的四諦智便是有邊，由是即不能生起一切功德，只能依著識境生起有餘未盡的功德；一乘四諦智不落邊際，因為智識雙運境已離一切邊，由是便可以生起無邊功德。是即小乘所證的諦不同一乘所證的諦，唯一乘所證才能說為不落邊際的「無邊聖諦」。

此處經文先說小乘的證智。不過劉宋譯與唐譯，在文字上則有矛盾。劉宋譯「**以一智斷諸住地**」，唐譯則作「**非以一智斷諸住地**」；劉宋譯「**以一智四斷知功德作證**」，唐譯則作「**亦非一智證四遍知諸功德等**」；劉宋譯「**亦善知此四法義**」，唐譯則作「**亦非以法能善了知此四法義**」。產生矛盾的原因，在於劉宋譯的文字過分簡略，唐譯的筆受者應當參考過劉宋譯，於參考時誤解劉宋譯，所以便依譯師所說義，在此三句經文都加一「非」字來作否定，然而這樣一來，反而失去經文的原意。今依藏譯將經文重譯如下，譯時為免造句艱澀，故用意譯——

> **〔分別〕以一初觀聖諦智斷一住地，〔及至〕得一智現證四斷遍知功德，亦善知此四法義。**

要理解這句經文，須知聲聞、獨覺（緣覺）如何觀修四智。小乘觀修分漸、頓兩派，上座部主漸，大眾部主頓。主漸則次第證得四諦，主頓則說四諦可一時證得，由是便將「初觀聖諦智」作不同的定義，前者認為不究竟，後者則認為究竟。經文則依一乘的觀點來作判定，若依判定，則小乘的漸、頓都不究竟。

「**〔分別〕以一初觀聖諦智斷一住地**」，意思是說，一初觀智只能斷一住地，劉宋譯「**以一智斷諸住地**」其實亦是這個意思。不過他說，諸住地都個別由一智來斷，但在文字表達上卻表達不出這個意思，容易令人誤解為只須一初觀智便可以全斷四住地。

「**〔及至〕得一智現證四斷遍知功德**」這一句，是說於斷四住地之後，即可得「**一智**」（現證的境界），此智能現證四斷遍知功德。劉宋譯「**以一智四斷知功德作證**」亦是這個意思。

至於「**四斷遍知**」一詞則須解釋。「**斷遍知**」一詞實由「遍知」而來。遍知是周遍了知。於周遍了知四諦時，所證的智即是無漏智。由於無漏智能斷除煩惱，所以這「遍知」又稱為「**斷遍知**」，即是說有斷煩惱功能的遍知。

「**亦善知此四法義**」。四法即指苦、集、滅、道四法，既然已經遍知四諦，當然便知四諦法義。唐譯「**亦非以法能善了知此四法義**」，亦不能說他不對，說不是由「法」來了知四法義，即是說不能由識境的諸法來了知，說得很合道理。

如果將這句經文跟上句經文合起來解釋，便是：到了現證無漏智，從而現證四斷遍知的功德，這時，便亦能善知這四法義。

這裡說的是漸修頓證，分別由一初觀諦智來斷除一住地，是漸修；至得無漏智證四斷遍知功德時，則是頓證。這樣說，便否定了大眾部的頓。不過，亦不以上座部的漸修頓證為究竟，接下來即說及此。

接下來的經文說：「**世尊，無有出世間上上智，四智漸至及四緣漸至，無漸至法是出世間上上智。**」這便是對上座部的否定，不能由四智漸至、四緣漸至，可得出世間上上智，所以說，由漸至法而得的智，便不是出世間上上智。一乘之證智雖次第而入以至究竟，但於究竟時一剎那周遍，這種頓證便不同上座部的頓證。

【劉宋譯】 世尊，金剛喻者，是第一義智。世尊，非聲聞緣覺不斷無明住地初聖諦智是第一義智。世尊，以無二聖諦智，斷諸住地。

【唐譯】 如金剛喻，世尊，聲聞獨覺，以於種種聖諦之智，斷諸住地，無有出世第一義智。

【釋義】 此處說佛所證的四諦智。

成佛者，既入無學道因位，即入金剛喻定，證自然智而成佛，這自然智便是第一義智，亦是無二聖諦智。

金剛喻，即是以金剛為喻，金剛具足七法：無瑕、無壞、無虛、無染、無動、無礙、無能勝[7]。這七法其實亦是智識雙運的境界。

這金剛喻第一義智剎那現證，所以不同聲聞、緣覺的初觀聖諦智。第一義智可以斷無明住地，初觀聖諦智則不能，所以初觀聖諦智便不得稱為第一義智；唯佛所證的無二聖諦智，才能究竟遍知四諦，初觀聖諦智則不能究竟。

---

[7] 詳見拙譯《無修佛道 —— 現證自性大圓滿本來面目教授》（台北：全佛文化，2009），頁123。

【劉宋譯】 **世尊，如來應等正覺，非一切聲聞緣覺境界。不思議空智斷一切煩惱藏。世尊，若壞一切煩惱藏究竟智，是名第一義智，初聖諦智，非究竟智，向阿耨多羅三藐三菩提智。**

【唐譯】 唯有如來應正遍知，非諸聲聞獨覺境界，以不思議空性之智，能破一切諸煩惱鷇。世尊，破煩惱鷇究竟之智，是名出世第一義智，初聖諦智非究竟智，是於趣向阿耨多羅三藐三菩提智。

【釋義】 這裡即將聲聞四諦智與佛四諦智作比較，由能否斷無明住地作區別。能斷無明住地即名為「斷一切煩惱藏」。

如來應正遍知能以不思議空智斷一切煩惱藏，所以稱為第一義智。

聲聞、緣覺初聖諦智不能斷一切煩惱藏，所以不究竟，便只能稱為「向阿耨多羅三藐三菩提智」。

由此比較，即可知何謂聖諦。下句經文即說聖諦義。

【劉宋譯】世尊，聖義者，非一切聲聞緣覺，聲聞緣覺成就有量功德，聲聞緣覺成就少分功德，故名之為聖。聖諦者，非聲聞緣覺諦，亦非聲聞緣覺功德。世尊，此諦如來應等正覺初始覺知，然後為無明𣫍藏世間開現演説，是故名聖諦。

【唐譯】世尊，真聖義者即非二乘，何以故？聲聞獨覺，唯能成就少分功德，名之為聖。世尊，言聖諦者，非諸聲聞獨覺之諦及彼功德，而此諦者唯有如來應正等覺，初始了知，然後為彼無明𣫍藏世間眾生，開示演説，故名聖諦。

【釋義】 所謂聖，應具足一切功德，二乘僅得少分功德。二乘之所以稱為聖，實在只是方便，說其得少分功德為聖。

如來功德說為三種：一、本性清淨，即法爾清淨，不落名言；二、成就識境自顯現；三、周遍一切界，即大平等性。這三種功德，唯有法身才能具足，所以非二乘所能有。

所謂諦，即是真實義。在智境中，無真實與不真實的分別，所以只有在言說中、識境中才能建立諦。是故經言：「**此諦如來應等正覺初始覺知，然後為無明縠藏世間開現演說，是故名聖諦。**」這是說如來為無明覆障的世間說法，當說至究竟真實時，這言說便可以稱為聖諦。對這聖諦，便不能依言說來認知，實應依其密意來認知，否則便成誹謗。

七・如來藏

【劉宋譯】 聖諦者說甚深義，微細難知，非思量境界，是智者所知，一切世間所不能信。何以故？此說甚深如來之藏，如來藏者，是如來境界，非一切聲聞緣覺所知。如來藏處，說聖諦義，如來藏處甚深故，說聖諦亦甚深，微細難知，非思量境界，是智者所知，一切世間所不能信。

【唐譯】 世尊，此聖諦者，甚深微妙難見難了，不可分別，非思量境，一切世間所不能信，唯有如來應正等覺之所能知。何以故？此說甚深如來之藏，如來藏者，是佛境界，非諸聲聞獨覺所行。於如來藏說聖諦義，此如來藏甚深微妙，所說聖諦亦復深妙，難見難了不可分別，非思量境，一切世間所不能信，唯有如來應正等覺之所能知。

【釋義】 由本段起出如來藏名號，以下經文即全演說如來藏，分別說法身及空義等，於說自性清淨心時，即將如來藏密意和盤托出。

本段經文，只說如來藏是聖諦所依的境界。

經文說：「**聖諦者說甚深義，微細難知，非思量境界，是智者所知，一切世間所不能信。**」這即因為，聖諦即是如來內自證智，所證究竟真實，是故稱之為諦。如來內自證智境界即是如來法身，由是說此境界具甚深義，微細難知。因為這境界已遠離識境，當然便不是識境中的人所能認知。說為「**微細**」，是相對於識境而言，識境中一切法，都可以說為「粗重」，七情六欲是粗重，物質身亦是粗重，以至成立一切法為有，這個有，也可說為粗重。識境世間既然一切粗重，相對來說，法身境界（如來內自證智境界）便說為微細。又因這境界不可思議，所以說是非思量境界，對於不可認知、不可思量的境界，自然一切世間所不能信。

今引拙譯《法界讚》說如來法身一頌，讀者可以參考——

一切佛陀功德基　已擎修證果在手
於圓成且圓滿時　轉依而名為法身

經文說，無邊聖諦即是如來藏，因為如來藏即是無邊聖諦的依處，也可以說，聖諦即由如來藏建立。本段經文未正說如來藏的義理，只是說明無邊聖諦與如來藏的相依關係，由是說：「**如來藏處，說聖諦義，如來藏處甚深故，說聖諦亦甚深，微細難知，非思量境界，是智者所知，一切世間所不能信。**」說為「**如來藏處**」，即是說聖諦以如來藏為依處。

為甚麼要強調聖諦以如來藏為依處呢？這是因為，下面經文會說到一切眾生都有如來藏，這便很容易令人誤會如來藏是一個個體。現在已經說明，如來藏是聖諦的所依處，又反覆說明聖諦難知，如來藏亦難知，非世間所能理解，那麼，便不應該將眾生具有如來藏，看成是有如外道所說，眾生具有「神我」、「梵我」。

八・如來法身

【劉宋譯】 若於無量煩惱藏所纏如來藏不疑惑者，於出無量煩惱藏法身亦無疑惑。

【唐譯】 若於無量煩惱所纏如來之藏，不疑惑者，於出一切煩惱之藏，如來法身亦無疑惑。

【釋義】 受無量煩惱藏所纏，名為如來藏；出無量煩惱藏，名為法身。

經文這樣說，目的是想說明，為甚麼聖諦以如來藏為依處。無邊聖諦可以說是一個境界，亦即佛內自證智的境界，這個境界稱為法身，可是當法身受無量煩惱藏所纏時，便名為如來藏。這樣說來，法身與如來藏都是一個境界，分別只是受纏與不受纏。由是便可以說，聖諦依止法身，同時亦可以說，聖諦依止如來藏，因為都是依於同一境界。

所謂「**無量煩惱藏所纏**」，即是說無量識境所纏。如來法身上有無量世間一切諸法自顯現，這些都是識境，是即無量煩惱。為甚麼說識境即是煩惱呢？因為凡有識境，必有分別，這些分別隨識境的名言與句義而來，由是即成識境的污染。例如我們這個世間，沒有一樣事物、沒有一個概念不落於名言與句義，若離名言與句義便無法表達。我們的世間如是，一切識境的世間亦都如是，因為名言與句義即是彼此溝通的工具，於識境中實在不能缺少。可是，為甚麼我們將之說為污染呢？這是由於落於分別的緣故，一落分別，即成無明，因此我們所建立的事物與概念，便可以稱之為無明法。

龍樹《法界讚》一開頭便有一頌說——

長久以來無明法　成三惡趣世間果
一切有情決定住　於此法界我讚禮

可以說，無明法便即是煩惱纏，這亦是我們輪迴的因。雖然如此，但我們卻要認識到，識境中一切有情決定住於法界、決定住於如來法身、決定住於如來藏。

由是即可如經文所說，能理解如來藏，便能理解如來法身。同時亦可以知道，如來藏與如來法身不一不異。說為不一，是因為有受纏與不受纏的區別；說為不異，是因為同是無邊聖諦所住境界，亦即佛智境界。

如來藏說眾生都有佛性，即是因為法身與如來藏不一不異之故。

【劉宋譯】於說如來藏，如來法身不思議佛境界及方便說，心得決定者，此則信解說二聖諦，如是難知難解者，謂說二聖諦義。何等為說二聖諦義，謂說作聖諦義，說無作聖諦義。

【唐譯】 世尊，若有於此如來之藏及佛法身不可思議佛秘密境，心得究竟，於彼所說二聖諦義，能信能了能生勝解。何等名為二聖諦義，所謂有作及以無作。

【釋義】 對無邊聖諦能生信解，便須要理解如來藏及如來法身。如來法身即「**不可思議佛秘密境**」（依唐譯），因為佛內自證智境界不可思議、甚深秘密。至於如來藏，則可視為對法身的「**方便說**」。因為如來法身不能在識境中顯現，識境中的人對法身固然不能形容，甚至不能想像，只能將法身視為甚深秘密境界，可是，識境中人卻能認識法身上隨緣自顯現的識境，所以，當將法身連同識境而施設為如來藏時，識境中的人便容易理解，而且可以將法身施設為法界、法性、法智，所以如來藏便是法身的方便說。

現在回過頭來說上面一段經文，說「**無量煩惱藏所纏如來藏**」及「**出無量煩惱藏法身**」，對前者可理解為「識境所纏的法身」，後者則可理解為「離識境的法身」。

要理解法身，要理解如來藏，根本上須依佛內自證智境界來理解，所以便說須由兩種聖諦來作理解。兩種聖諦說為作聖諦、無作聖諦，下文即對此作詮說。

【劉宋譯】 **說作聖諦義者，是說有量四聖諦。何以故？非因他能知一切苦、斷一切集、證一切滅、修一切道。是故世尊，有有為生死、無為生死，涅槃亦如是，有餘及無餘。**

【唐譯】 作聖諦者，是不圓滿四聖諦義。何以故？由他護故，而不能得知一切苦、斷一切集、證一切滅、修一切道，是故不知有為無為及於涅槃。

【釋義】 先說作聖諦。

首先，定義作聖諦為「**不圓滿四聖諦**」（依唐譯，劉宋譯為「**有量四聖諦**」，其義較晦）。其次，行者對聖諦是「因他而知」，例如唯依如來所教而知，而非自知自證。若因他而知時，即有作意，是即稱為作聖諦。

將無邊聖諦落入作聖諦，便不能「**知一切苦、斷一切集、證一切滅、修一切道**」，因為不能因他而知一切苦，不能因他而斷一切集，不能因他而證一切滅，不能因他而修一切道。那就是說不能落於作意，若落作意便只是模仿，由是佛家強調離作意而修行。

對於離作意，又須解釋。如果行者作意於離作意，那便不是離作意，因為已有作意離作意的作意，是故佛家便說對作意須「無捨離而離」，這亦可說為「捨離盡」。當於觀修時層層超越，每一層次的超越，便即是這層次的捨離盡，由捨離盡即能自知自證。

二乘行人由於有法執，是故不能捨離作意，因此他們所依的聖諦，便只是作聖諦，於四諦的現證有餘不盡，不盡知一切苦、不盡斷一切集、不盡證一切滅、不盡修一切道。由是欲得究竟，必須入一乘來證無邊聖諦、證如來法身、證如來藏。

經文又說，二乘由於落於作聖諦義，對有為無為不能究竟認知，對涅槃亦不能究竟認知。如於生死，只知能斷有為法的分段生死，而不知無為法的三種意生身變易生死；又如依涅槃，只知有餘依涅槃、無餘依涅槃，而不知離一切邊的無住涅槃。

其實落於作勝義諦，即不能現證如來法身，所以二乘的極果便只是阿羅漢、辟支佛。

【劉宋譯】 **說無作聖諦義者，說無量四聖諦義。何以故？能以自力知一切受苦、斷一切受集、證一切受滅、修一切受滅道。**

如是八聖諦，如來說四聖諦，如是四無作聖諦義，唯如來應等正覺事究竟，非阿羅漢辟支佛事究竟。

【唐譯】 世尊，無作諦者，是說圓滿四聖諦義。何以故？能自護故，知一切苦，斷一切集，證一切滅，修一切道。

如是所說八聖諦義，如來但以四聖諦說，於此無作四聖諦義，唯有如來應正等覺作事究竟，非阿羅漢及辟支佛力所能及。

【釋義】 再說無作聖諦。

無作聖諦定義為「**圓滿四聖諦**」（劉宋譯為「**無量四聖諦**」），是即「**能以自力知一切受苦、斷一切受集、證一切受滅、修一切受滅道。**」所謂「**自力**」即是不依言說而無作、作意盡。作意盡時亦即識境一切名言句義盡。重提一句，以無捨離而捨離為盡，以超越為盡。其初行者不能無作意，觀修時由層層超越而捨離盡、作意盡，這樣便是無作，便是自力。

作聖諦有苦、集、滅、道，無作聖諦亦有苦、集、滅、道，這樣便說為八聖諦。如來只說作聖諦的四聖諦，因為可以落於言說而說。至於無作聖諦的四聖諦，唯如來始能究竟現證（事究竟），因為這只能說為如來的密意，密意不能由言說來表達，所以如來不說。

依如來密意，亦即依無邊聖諦，現證四聖諦其實即是現證如來藏。苦、集、道三者，是識境中事，滅諦則成就智境，是故四聖諦便即是智識雙運，這便是如來藏的境界，亦即是無邊聖諦的境界，雖然不可說為如來法身，不過未離如來法身。

【劉宋譯】 **何以故？非下中上法得涅槃。何以故？如來應等正覺，於無作四聖諦義事究竟，以一切如來應等正覺，知一切未來苦，斷一切煩惱上煩惱所攝受一切集，滅一切意生身，除一切苦滅作證。**

【唐譯】 何以故？非諸勝劣下中上法能證涅槃。云何如來於無作諦得事究竟？謂諸如來應正等覺，遍知諸苦，斷諸煩惱及超煩惱所攝苦集，能證一切意生身蘊所有苦滅，及修一切苦滅之道。

【釋義】 這段經文，以唐譯為佳。

佛所證的四聖諦既由無作而證，那麼，便自然須離言說而證。佛所說法，依言說可分別為下、中、上法，但無論那一種法，由於落言說，是必有作，依作聖諦即不能證涅槃，因為不能得「**事究竟**」。

怎樣才能依無作諦得事究竟？經言：「**遍知諸苦，斷諸煩惱及超煩惱所攝苦集，能證一切意生身蘊所有苦滅，及修一切苦滅之道。**」這便即是依佛密意的四諦現證。

四諦的密意，即是以滅苦為究竟（這即是「**事究竟**」），所以四諦之中，實以兩諦為重要，即是苦與滅。依經文，首先是「知苦」，然後是斷滅「苦集」，因此便要證「苦滅」，要證苦滅便要修「苦滅之道」。在這裡便可以看出，以智來滅識境的苦。這應該便即是轉依，不依被煩惱及隨煩惱覆障的心識，轉為依止遠離一切苦的清淨心。

【劉宋譯】世尊，非壞法故名為苦滅，所言苦滅者，名無始、無作、無起、無盡、離盡常住、自性清淨、離一切煩惱藏。

【唐譯】世尊，非壞法故，名為苦滅。何以故？言苦滅者，無始無作，無起無盡，常住不動，本性清淨，出煩惱　。

【釋義】 這裡是說「**苦滅**」。不是要壞掉一些法來令苦滅，這即是無作意、無捨離。說明這點，可以矯正許多人學佛的心理，他們每每以為一定要清除了一些甚麼，然後才可以入道，這便是壞法而入道了。若須壞法，那麼便一定要成立壞法之法，這樣一來，便成法執，同時這壞法之法亦一定會帶來煩惱與隨煩惱。

所以經文說，苦滅是「**無始、無作、無起、無盡、離盡常住、自性清淨、離一切煩惱藏。**」

所謂「**無始**」，即是法爾。當現證如來藏時，如來藏心即是法爾，亦即心識回復到本然的狀態。是故現證如來藏必須「**無作**」，若落作意，便不能現證本然。因為是法爾，所以當然「**無起、無盡**」，即是如來藏心無所從來亦無所去。

至於「**離盡常住**」，是說如來藏心的佛性，佛性恆常，故無所盡。人即使於輪迴中流轉，此佛性依然無盡。

如來藏心的佛性，即是如來法身，是故「**自性清淨**」，下面還有大段經文說明這自性清淨的問題。既然清淨，當然「**離一切煩惱藏**」。

由上來所說，即依四諦的密意，此非二乘所能證得。因為當他們觀修四諦時，四諦智分別生起，這樣便不能令如來藏心顯露（不是生起，無起）。依四諦密意，即是現證遠離一切障而得苦滅的法身，這就與二乘所證有很大的差別。

【劉宋譯】 世尊，過於恒沙不離、不脫、不異、不思議佛法成就，說如來法身。世尊，如是如來法身不離煩惱藏，名如來藏。

【唐譯】 世尊，如來成就過於恒沙具解脫智不思議法，說名法身。世尊，如是法身不離煩惱，名如來藏。

【釋義】 總結如來法身，可以說法身即是「**佛法成就**」，因為二者「**不離、不脫、不異**」。若回顧上文，於攝受正法一段曾經說過：攝受正法即與法無二；攝受正法者與所攝受之正法無二。現在我們還可以說，攝受正法的現證與正法無二。這也可以說是因果無二，以正法為因，得攝受正法的現證果，因果自然無二。

經文說「**如是如來法身不離煩惱藏，名如來藏。**」這即是說法身上有識境隨緣自顯現，便是如來藏。識境即是煩惱藏，如來藏不離識境。

九．空義隱覆真實

【劉宋譯】世尊，如來藏智，是如來空智。世尊，如來藏者，一切阿羅漢辟支佛、大力菩薩，本所不見、本所不得。

【唐譯】世尊，如來藏者，即是如來空性之智。如來藏者，一切聲聞獨覺所未曾見，亦未曾得，唯佛了知及能作證。

【釋義】 前面說如來法身，由法身成如來藏，這樣便可以說是證如來藏智。

菩薩摩訶薩成佛，證根本智（自然智），同時證後得智，二者雙運，不一不異。所謂後得智，即是生起識境的智，也可以說是認識識境的智。生起識境的智為如來法身所具；認識識境的智為如來色身所具，亦即為報身佛與化身佛所具。因此可以說成佛現證智，本然地智境與識境雙運，所以便可以名之為「如來藏智」。

經文斷言：「如來藏智，是如來空智。」由是便說如來藏智不是四諦智，而是如來空智。所以這如來藏智非阿羅漢、辟支佛及大力菩薩所能現證，因為他們不見如來藏、不得如來藏，亦即是他們的現證不入如來藏境界。

下文便解說何謂如來空智。

【劉宋譯】世尊，有二種如來藏空智。

世尊，空如來藏，若離、若脫、若異，一切煩惱藏。

世尊，不空如來藏，過於恆沙不離、不脫、不異、不思議佛法。

世尊，此二空智，諸大聲聞，能信如來，一切阿羅漢辟支佛空智於四不顛倒境界轉，是故一切阿羅漢辟支佛，本所不見、本所不得一切苦滅，唯佛得證，壞一切煩惱藏，修一切滅苦道。

【唐譯】 世尊，此如來藏空性之智，復有二種。

何等為二：謂空如來藏，所謂離於不解脫智一切煩惱。

世尊，不空如來藏，具過恆沙佛解脫智不思議法。

世尊，此二空智諸大聲聞由信能入。世尊，如是一切聲聞獨覺空性之智，於四倒境攀緣而轉，是故一切聲聞獨覺，所未曾見亦未曾證，一切苦滅唯佛現證，壞諸煩惱修苦滅道。

【釋義】 說如來藏空性智有兩種——

1、空如來藏智。劉宋譯將之定義為「**若離、若脫、若異，一切煩惱藏。**」

2、不空如來藏智。劉宋譯將之定義為「**過於恆沙不離、不脫、不異、不思議佛法。**」

這樣的定義比較難於理解，若參考藏譯，可理解為——

1、空如來藏智：如來藏與煩惱障各別住（「**若離、若脫、若異**」），然而由於煩惱障覆蓋，是故不成解脫。但一切煩惱障可由智而空，是即稱此智為空如來藏智（空如來藏空智）。

2、不空如來藏智：如來藏與不思議佛法非各別住（「**不離、不脫、不異**」），由是而成解脫，故依解脫智而不空，是即稱為不空如來藏智（不空如來藏空智）。

這裡所說的不思議佛法，便即是如來法身與如來法身功德，二者的雙運即是如來藏，所以便可說為如來藏與不思議佛法共住。

根據這樣的理解，我們可以說，「**佛解脫智不思議法**」（依唐譯）與如來藏共住，煩惱藏雖然與如來藏共存，卻不共住。正因為不共住，才可以由智而空。

說由智可空煩惱藏，即是《瑜伽師地論》所說的「善取空」。此說由《小空經》而來。《小空經》言：「謂由於此，彼無所有，即由彼故，正觀為空；復由於此，餘實是有，即由餘故，如實知有，如是名為悟入空性如實無倒。」《瑜伽師地論》則說得比較詳細，而且還有舉例——

> 云何復名善取空者？謂由於此，彼無所有，即由彼故正觀為空。復由於此，餘實是有，即由餘故如實知有。如是名為悟入空性如實無倒。
>
> 謂於如前所說一切色等想事，所說色等假說，性法都無所有，是故於此色等想事，由彼色等假說性法，說之為空。於此一切色等想事何者為餘，謂即色等假說所依。[8]

煩惱障覆蓋如來藏，由如來藏智（「此」），可見煩惱障（「彼」）無所有，所以可正觀煩惱障為空。然而由於如來藏智，可知餘實是有。甚麼是「餘」呢？即煩惱障之所依。煩惱障既是識境，即依智境（法身）而成立，不過實在是依智境的功能（法身功德）而成立，所以這法身功德即不能說之為空。依此「善取空」，我們便可以將兩種如來藏空智再作定義——

[8] 依玄奘譯，大正・三十，no. 1579，頁 488 下。

1、空如來藏智：如來藏與煩惱障不共住，是故可由如來藏智而空。

2、不空如來藏智：如來藏與如來法身功德共住，是故如來藏智不空。

依空如來藏空智而說空，便須知空義隱覆真實，這真實便是空之所餘，餘實是有的如來法身及其功德。

是故這兩種如來藏空智，二乘行人唯能依佛說而信，因為他們具四顛倒，即是執著於無常、苦、無我、不淨，對於常見、樂見、我見、淨見等，都可以由空性智來斷除，由是便只見到空性的一邊。唯見空性，不見不空，不見空義所隱覆的真實，便必然不能知如來藏智，所以只能斷除煩惱（而且是作意斷除），而不能生起功德，所以說他們「**本所不見、本所不得一切苦滅**」。

本段經文的重點，在於建立兩種空智，而由此依善取空，以明真實為空所覆。如果不知這點，那便不見真實。誹謗如來藏的人，正犯這毛病。是故欲入一乘，必須先知所應知的真實，不可落唯空邊。

說空義隱覆真實，很容易會墮入「他空見」。他空說有真如本體，勝義不空，空的是外加於真如本體上的一切法。粗看起來，這就與「空義隱覆真實」相似，真實不空，空的是外加於真實上的煩惱。但二者實不相同，因為本經所說的空義覆隱真實，並未將真實建立為本體。如來藏、如來藏心、如來法身、如來法身功德等等，都不可能建立為本體，只能說是一個境界（以及這境界的功能），是故其不空，即非本體不空，即非有一本體可以建立為實有。此外，本經所說的空義與真實二者雙運，他空見所說則是相對，勝義與世俗相對。雙運與相對，層次有分別。例如一隻手，整隻手可以說是手掌與手背的雙運，但假如落於相對，那麼便是手掌與手背的相對。前者離分別而區別，後者則是分別，因此不能說二者相同。

十・一諦

【劉宋譯】 **世尊，此四聖諦，三是無常，一是常。何以故？三諦入有為相，入有為相者，是無常，無常者是虛妄法，虛妄法者，非諦非常非依，是故苦諦集諦道諦，非第一義諦，非常非依。一苦滅諦，離有為相。**

【唐譯】 世尊，此四諦中，三諦無常，一諦是常。何以故？如是三諦入有為相，有為相者，則是無常，言無常者是破壞法，破壞法者非諦非常非歸依處，是故三諦以第一義，非諦非常非歸依處。世尊，一苦滅諦離有為相。

【釋義】 由空性智觀察四諦，可知苦、集、道三諦無常，入有為相，唯有「**苦滅諦**」離有為相，所以說此「**苦滅諦**」為「一諦」。

四諦的苦諦可以說是根本煩惱果，煩惱則由「集」而來，至於道諦則是修「苦滅」之道，對治苦與集。如何對治呢？那便是由觀察苦諦與集諦而見其空性，令集得解脫、苦得解脫，這便是道諦的建立。由此觀察，四諦中只有滅諦得成究竟，究竟滅集、究竟滅苦。所以便說苦、集、道三諦入有為相，凡有為相必是無常，無常即非究竟真實。

事實上亦不能建立苦、集、道三者為常，如果是常，苦與集即不可能得解脫，以其恆常故。道若是常，便於解脫苦、集後依然要住於道，此時已無苦可滅、無集可滅，焉能說還要住在無可滅的道呢？所以道亦無常。

這樣，知三諦入有為相，一諦離有為相，便是由空性智所得的決定。依上面所說「善取空」義，便知滅諦是空掉苦、集、道三者後之所餘，餘實是有，所以滅諦是常、是實。

十一・一依

【劉宋譯】 離有為相者是常，常者非虛妄法，非虛妄法者是諦、是常、是依，是故滅諦，是第一義。

【唐譯】 離有為相則性常住，性常住者非破壞法，非破壞者是諦是常，是歸依處。世尊，是故苦滅聖諦以勝義故，是諦是常是歸依處。

【釋義】 本句經文即說滅諦，承接上文說「**離有為相者是常，常者非虛妄法，非虛妄法者是諦、是常、是依。**」這即是觀修四諦的究竟決定，亦即善取空後的究竟決定。這樣善取空便不是空無所有，而是空其所應空，於空之餘建立真實。這便不是以滅盡為究竟的二乘觀修，同時亦已建立一切功德（關於建立功德，於下文當說）。

【劉宋譯】 **不思議是滅諦，過一切眾生心識所緣，亦非一切阿羅漢辟支佛智慧境界。譬如生盲不見眾色、七日嬰兒不見日輪。苦滅諦者，亦復如是，非一切凡夫心識所緣，亦非二乘智慧境界。**

【唐譯】 世尊，此苦滅諦是不思議，過諸有情心識境界，亦非一切聲聞獨覺智所能及。譬如生盲不見眾色，七日嬰兒不見日輪，苦滅諦者亦復如是，非諸凡夫心識所緣，亦非一切聲聞獨覺智之境界。

【釋義】 此處用二譬喻。

「生盲不見眾色」，比喻凡夫不見滅諦，滅諦不是凡夫的心識所緣境（不是凡夫的心理狀態）。

「七日嬰兒不見日輪」，比喻阿羅漢、辟支佛的智境，滅諦亦不是他們的心識所緣境（不是他們的心理狀態）。

喻為「生盲」，即是不見光明；喻為「七日嬰兒」，則雖能見光，但卻不見光由日輪而來，是即其見不能究竟，不知究竟真實。

然而須知，既說滅諦是常、是真實，則無論知與不知，滅諦此法必然常在，這即是法爾。這樣便可以得出結論，「世尊，是故苦滅聖諦以勝義故，是諦是常是歸依處。」（見唐譯上句經文）由是即成一依，即一勝義皈依諦。

十二・顛倒真實

【劉宋譯】 凡夫識者二見顛倒，一切阿羅漢辟支佛智者，則是清淨。

【唐譯】 凡夫識者，謂二邊見，一切聲聞獨覺智者，名為淨智。

【釋義】 本句承接上文，解釋何以凡夫如生盲，二乘如七日嬰兒，並由此說何謂顛倒、何謂真實。

凡夫心識，落二顛倒見（邊見）；聲聞、緣覺智，則只「**名為淨智**」（應依唐譯，若依劉宋譯「**則是清淨**」，可能誤解其為究竟清淨），「**名為淨智**」即非究竟真實淨智。由此下文便說，有凡夫的顛倒見，有二乘的顛倒見。凡夫的顛倒較重，所以喻為生盲，二乘顛倒只是不知究竟真實，所以喻為七日嬰兒。

【劉宋譯】 **邊見者，凡夫於五受陰我見，妄想計著生二見，是名邊見，所謂常見斷見。見諸行無常，是斷見非正見；見涅槃常，是常見非正見。妄想見故作如是見。**

【唐譯】 言邊見者，於五取蘊執著為我，生異分別。邊見有二，何者為二？所謂常見及以斷見。世尊，若復有見生死無常、涅槃是常，非斷、常見，是名正見。

【釋義】 這句經文，劉宋譯誤，應依唐譯。

凡夫的顛倒由於邊見。經文即以凡夫執著五蘊為例，取五蘊為我，由是計度而成二見，即常見、斷見。這樣便即是「人我」，由人我而成二見。

二見不限於常、斷，凡由我與我所而成立的一切相對法都是二見。龍樹論師說「八不」，即說不生不滅、不常不斷、不一不異、不來不去，這即是說在現象中有生滅、常斷等。然而這些現象法都只是二見，是故說為無有真實。例如說不生不滅，即是否定生滅現象為絕對真實，只是識境中的真實。

聲聞、緣覺的顛倒，不同凡夫的邊見，因為他們已無我執，所以便不依現象而起邊見，但是他們卻有正見、倒見。此句經文先說正見，例如見生死無常，見涅槃是常，這便是正見，不能因說無常便認為是斷見，不能因說涅槃便認為是常見。

劉宋譯「**見諸行無常，是斷見非正見；見涅槃常，是常見非正見。**」將「**見諸行無常**」認為是斷見；「**見涅槃常**」認為是常見，那是譯師求那跋陀羅的誤解。由他繙譯的一些經可以判定，他常常持著「他空見」的觀點來繙譯，因此有時歪曲經文。在這裡即是竄改經文的一個例子。說他竄改，是因為唐譯與藏譯相同，那就證明梵本的原文必非如劉宋本所譯那樣。而且，依劉宋譯亦解釋不通，劉宋譯以為前面說凡夫的邊見，這裡便一定是說二乘的邊見，由是才持他空見改竄經文。實際上，這裏只是將凡夫與二乘作比較，二乘見常斷是正見，因為不同凡夫由「我執」而見常斷。

【劉宋譯】 **於身諸根分別思惟，現法見壞，於有相續不見，起於斷見，妄想見故；於心相續愚闇不解，不知剎那間意識境界，起於常見，妄想見故。**

此妄想見於彼義，若過、若不及，作異想分別，若斷若常顛倒。眾生於五受陰，無常常想，苦有樂想，無我我想，不淨淨想。

【唐譯】 何以故？諸計度者見身諸根，受者思者，現法滅壞，於有相續不能了知，盲無慧目起於斷見；於心相續剎那滅壞，愚闇不了意識境界，起於常見。

世尊，然彼彼義，過諸分別及下劣見，由諸愚夫妄生異想顛倒執著，謂斷謂常。世尊，顛倒有情，於五取蘊，無常常想，苦為樂想，無我我想，不淨淨想。

【釋義】 這小段經文，是說凡夫由邊見而生顛倒。

在這裡，主旨不在說邊見，而是說顛倒見。上文已說凡夫的邊見，這裡即說由邊見而生顛倒，文意一貫。至於二乘的正見、倒見，上文已說正見，此處便說及他們的倒見。

凡夫起斷見的原因，是由於對身根起分別。身根變壞，凡夫由是即起斷見，這即是由執著「人我」而起的顛倒。說為顛倒，是因為「**於有相續不見**」。以人為例，整個生命過程即是相續，每一剎那的新陳代謝都是相續，所以由嬰兒至老者，只是相續的過程。及至一期分段生死盡後，依然有業力相續，由是有中有身、受生身，這亦是相續。既然是相續，便不能說之為斷，續即不斷，所以斷見是顛倒。

凡夫起常見的原因，是由於不了解心識相續。看起來人的心識念念相續，從不間斷，凡夫由是即起常見，這其實亦是由執著人我而起的顛倒。說為顛倒，是因為「**不知剎那間意識境界**」。人的意識其實是剎那滅壞，所以人的覺受剎那變動。如果覺受恆常，我們便只能有一個覺受，不能生起相續的覺受。因此以心識相續為常，便落於常見。

凡夫對五取蘊的認識，或太過、或不及。執身相續為斷，即是太過；執心相續為常，即是不及。由是即有四顛倒：無常常想，苦有樂想，無我我想，不淨淨想。在這裡，是以無常、苦、無我、不淨為正見，以常、樂、我、淨為顛倒。

【劉宋譯】 **一切阿羅漢辟支佛淨智者，於一切智境界及如來法身本所不見，或有眾生，信佛語故，起常想、樂想、我想、淨想，非顛倒見，是名正見。何以故？如來法身是常波羅蜜、樂波羅蜜、我波羅蜜、淨波羅蜜。於佛法身，作是見者是名正見。正見者，是佛真子，從佛口生，從正法生，從法化生，得法餘財。**

【唐譯】 聲聞獨覺所有淨智，於如來境及佛法身，所未曾見，或有眾生信如來故，於如來所，起於常想樂想我想及於淨想，非顛倒見即是正見。何以故？如來法身是常波羅蜜，樂波羅蜜，我波羅蜜，淨波羅蜜，若諸有情作如是見，是名正見，若正見者名真佛子，從佛口生，從正法生，從法化生，得佛法分。

【釋義】 然而，二乘執著無常、苦、無我、不淨，相對於如來法身而言，則亦是顛倒。因為眾生如果攝受正法，信佛所說的無邊聖諦，由是起常、樂、我、淨見，卻是正見，非一般凡夫的顛倒見。

是故對於如來藏四種功德：常、樂、我、淨，不能光執著名言來理。凡夫的常、樂、我、淨是顛倒；如來法身的常、樂、我、淨則非顛倒。

對於聲聞、緣覺的四依：無常、苦、無我、不淨，亦不能執著名言來理解。相對於凡夫，可說為正見，但相對於如來法身，卻可說為顛倒，因為他們只知四依，而不是現證四依智。

經文最後一節「**正見者，是佛真子，從佛口生，從正法生，從法化生，得法餘財**」，是對正見的讚歎。能得信解如來法身，知如來法身一切無邊功德，如是而起正見，便是佛真子，知佛言說，且知密意，由是得法利益（「**得法餘財**」）。

【劉宋譯】世尊，淨智者，一切阿羅漢辟支佛智波羅蜜。此淨智者，雖曰淨智，於彼滅諦，尚非境界，況四依智。

【唐譯】世尊，言淨智者，則是一切聲聞獨覺智波羅蜜，此之淨智，於苦滅諦尚非境界，況苦滅諦，是四入流智之所行。

【釋義】 阿羅漢、辟支佛的證智（智波羅蜜），即是他們的淨智。然而前面已經說過，他們對一諦（滅諦）未能究竟，不能生起一切功德，所以他們的證智自然不能究竟，只假名為淨智，不是如來法身本具的四依智。因為當於滅諦未能究竟時，不生無邊功德，自然不知由如來法身功德可建立為常、樂、我、淨。

全段經文說顛倒與真實。總結來說，凡夫由邊見而生顛倒；二乘由不知一諦、未能一依而生顛倒；唯如來藏見究竟真實，因為如來藏見能見如來法身及如來法身功德雙運，離一切邊，周遍一切界，是即清淨大平等性。

【劉宋譯】何以故？三乘初業，不愚於法，於彼義當覺當得，為彼故世尊說四依。世尊此四依者，是世間法。世尊，一依者，一切依止，出世間上上第一義依，所謂滅諦。

【唐譯】何以故？三乘初業，不愚法者，能於彼義當證當了。世尊，為何義故說四入流？世尊，此四入流是世間法。世尊，能一入流，於諸入流為最為上，以第一義是為入流，是為歸依，是苦滅諦。

【釋義】 然而對於顛倒與真實義，阿羅漢、辟支佛、大力菩薩亦有機會證得，只須要「**不愚於法**」（不執著不了義教法），得入一乘，便能夠離顛倒現證究竟真實。正因為這樣，佛才為他們說四依法（無常、苦、無我、不淨），這是次第，先不究竟，其後才悟入究竟。

二乘的四依法只是世間法，只有一諦才是出世間智。證入滅諦，生無邊功德，自然就能證得究竟真實。所以便說一依，亦即依於滅諦，是為「**出世間上上第一義依**」。這樣說，便由說顛倒與真實，聯繫到上來所說的一諦一依。

經文到此，完成一大段落，下文即說自性清淨心，總結如來藏義理。

十三．自性清淨心

【劉宋譯】 世尊，生死者依如來藏，以如來藏故，說本際不可知。世尊，有如來藏故說生死，是名善說。

世尊，生死。生死者，諸受根沒，次第不受根起，是名生死。

【唐譯】 世尊，生死者依如來藏，以如來藏故，說前際不可了知。世尊，有如來藏故得有生死，是名善說。

世尊，生死者，諸受根滅無間相續，未受根起名為生死。

【釋義】 既知顛倒與真實，便可以理解一切有情本具的自性清淨心。這清淨心，其實稱為「本性清淨心」更為恰當。

說自性清淨心先說「生死」，實在是先說輪迴界，由是即說建立一切功德（參考第十一節・一依）。

如來藏是佛內證智境上有識境隨緣自顯現，這一點，筆者前已說及。這些識境便即是輪迴界，經文則說為生死，這是以生死現象來表徵輪迴界，所以這裡並不是說輪迴或流轉。

既然識境是智境上的自顯現，那麼，當然就可以說「生死者依如來藏」。然而經文的意思，重點是「以如來藏故，說本際不可知」一句。所謂「本際」，即是始初，亦即是初有識境時的狀態，例如生命的起源。科學家一直追求宇宙的本際、生命的本際，所以一直想找出「上帝粒子」，這實在是徒勞無功的事，因為上帝粒子亦無非只是識境的自顯現。那麼，對這種識境自顯現又是否還要找尋他的本際呢？如果說要，他便不可以說為「上帝粒子」；如果說不要，那就要證明他是識境以外的事物。現在科學家只是根據數理來成立這粒子，並假定更不須要尋伺其本際，那便依然是由分別作認知，由概念作假施設。亦可以說依然是顛倒，依然是依於如來藏的「生死」，不能定義為本際。

佛家對識境的建立，只說為「無際」，亦即無有本際。一切法只是隨緣自顯現，當能適應一切相礙時，事物（例如生命）就自然顯現。種種事物所適應的相礙不同，其顯現亦不同時，因此就不能建立一個本際。如果有本際，事物適應的相礙便會相同，顯現亦須同時，這顯然是不可能的事。

說如來藏無有本際，還有更重要的意思，那就是對造物者的否定。假如有本際，造物主便可以成立（所以要成立上帝粒子），因為造物即是「始作」。然而這始作者又由誰作呢？這樣輾轉追求，必至無窮無盡，依然不能找出本際。本際必須離識境而求，是即必須離識境的認知，那就只能說為無際。

此外，由認識論來看，一定要有生命然後才能認識外境。本際亦無非是一種外境狀態，倘如這狀態未成外境（生命之外的顯現），當然未有生命，然則又如何能成為認識呢？不能認識，這狀態便根本沒有意義，只能當是一種或然的存在。由是佛家建立為無際便最合理。

建立無際十分須要，否則連對如來法身都可以追問本際。你說如來法身是法爾的境界，這境界稱為佛內自證智境，那麼，這境界的本際又是甚麼呢？對這樣的問題，佛家可以置答，因為無有本際。

識境隨緣自顯現無有本際，即可以說他依如來藏而建立，無有本際才可以隨緣，才可以自顯現。因此說，「**有如來藏故說生死，是名善說。**」

為生死作一定義，便是「**生死者，諸受根沒，次第不受根起，是名生死。**」這即是依現象來施設假名。「**諸受根沒**」即是身根壞滅，「**不受根起**」即是身根生起，如是定義即依現象，在識境中一切隨緣自顯現諸法，無非都是現象，佛對現象的認識稱為覺，凡夫對現象的認識稱為迷。凡夫以生死現象為實有，佛則覺知實相。一切識境無非只是隨緣自顯現，有如螢光屏上的影像。所以，你可以說生死現象依螢光屏而自顯現，但卻不可以說為實有，因為只是影像。一切識境都是影像世界，一切諸法都是影像世界中的事物或概念，因此便只能說影像依螢光屏，生死依如來藏。

【劉宋譯】 **世尊，死生者此二法是如來藏，世間言說故有死有生。死者謂根壞，生者新諸根起。非如來藏有生有死。**

如來藏者離有為相，如來藏常住不變，是故如來藏，是依、是持、是建立。世尊，不離、不斷、不脫、不異、不思議佛法。

世尊，斷脫異外有為法依、持、建立者，是如來藏。

【唐譯】 世尊，生死二法是如來藏，於世俗法名為生死。世尊，死者諸受根滅，生者諸受根起，如來藏者則不生不死，不昇不墜離有為相。

世尊，如來藏者常恆不壞，是故世尊，如來藏者，與不離解脫智藏，是依是持，是為建立。

亦與外離不解脫智諸有為法，依持建立。

【釋義】 經言「**死生者此二法是如來藏，世間言說故有死有生。**」應理解為：「依如來藏，有死生二法之名。」這就是說，依如來藏而有生死現象的假名，「**新諸根起**」名之為生，「**根壞**」名之為死，所以並不是如來藏本身有生有死。

「**如來藏離有為相**」，即是說如來藏離生滅、常斷等，亦離因果，是故常住。

接著下來的經文應依唐譯：「**如來藏者，與不離解脫智藏，是依是持，是為建立。**」意思是，如來藏與解脫智藏同住（與如來法身同住），識境依如來藏而成顯現，如來藏持有識境而成建立。這句經文的意思，亦即筆者屢說的智境上有識境隨緣自顯現。是故識境依於智境，智境持有識境，這便是智識雙運的境界，是即建立。所謂建立，不只是說建立識境，實在是建立智識雙運境界。

劉宋譯：「**世尊，斷脫異外有為法依、持、建立者，是如來藏。**」唐譯：「**亦與外離不解脫智諸有為法，依持建立。**」二譯都未精審，參考藏譯，可改譯為：「如來藏亦與諸有為法依持建立，然而卻非緣於住別異處之不解脫智。」為易理解故，這句稍有意譯。藏譯造句相當複雜，不易直譯。

經文的意思，是特別指出識境的建立。如來藏雖然建立識境，但卻不是由不解脫智來建立，此不解脫智與如來藏「住別異處」，即說二者不同住。既不同住，即與如來藏建立識境無關，這便說明識境的建立，實依佛內自證智。

建立識境、建立智識雙運境界，都是如來藏的功德，亦可說為一切功德。

【劉宋譯】 **世尊，若無如來藏者，不得厭苦，樂求涅槃。何以故？於此六識及心法智，此七法剎那不住，不種眾苦，不得厭苦，樂求涅槃。**

【唐譯】 世尊，若無如來藏者，應無厭苦，樂求涅槃，何以故？於此六識及以所知如是七法剎那不住，不受眾苦，不堪厭離，願求涅槃。

【釋義】 前面說如來藏建立一切功德，是即包含輪迴界與涅槃界的功德，由是即說「厭苦，樂求涅槃」，這其實亦是如來藏的功德，有這功德，有情才得解脫。

這裡是說人的心識亦有如來藏，亦是智識雙運境，是即所謂「如來藏心」。

如來藏心不與煩惱相應，不與無明住地同住（當然更不與四煩惱住地同住）。然而，當如來藏心受煩惱覆障時（只是覆障，不是相應），即成分別心識，即與煩惱相應。如果機械地認識，便可以將「如來藏心」與「分別心」加以分別，由是說為「一心二門」：將如來藏心說為「心真如門」，將分別心說為「心生滅門」。若正確認識如來藏心，則實在是對此「一心」覺與不覺的問題。覺則如來藏心顯露，可以生起無邊功德；不覺則分別心生起，由是生起五蘊苦。是即如來藏心其實亦是智識雙運境界，凡夫只不認識其雙運，由是便只有分別心得發揮力用。

經文說「不種眾苦，不得厭苦，樂求涅槃」，便正是說由分別心亦可以成解脫因。因為不受眾苦，便不會厭苦；若不厭苦，便不會樂求涅槃。這就是說，智識雙運境界可以成為出離世間以求涅槃的因素。

【劉宋譯】 **世尊，如來藏者，無前際，不起不滅法，種諸苦，得厭苦，樂求涅槃。**

【唐譯】 如來藏者，無有前際，無生無滅法，受諸苦，彼為厭苦，願求涅槃。

【釋義】 綜合來說，如來藏心離本際（「無前際」）、離生滅（非由造作而生、非由造作而滅）、離因緣（識境依因緣而建立，雙運境則為法爾）。離本際是故說為法爾、離生滅是故說為常住、離因緣是故離一切相對法。必須是這樣的如來藏心，才能因厭苦而成出離，因樂求而得涅槃。若有本際，則不能出離識境，因為不能出離本際；若有生滅，則智境無從顯露，因為智境亦變成剎那剎那生滅的相續；若有因緣，則智境亦成識境，因為智境的本質即是超越因果。

這樣，便說明了智識雙運境界的如來藏，有令眾生出離識境以求涅槃的功德。對行者來說，這是十分重要的功德，若無此功德，則眾生必恆時受苦，不得解脫。

【劉宋譯】 **世尊，如來藏者，非我、非眾生、非命、非人。如來藏者，墮身見眾生、顛倒眾生、空亂意眾生，非其境界。**

【唐譯】 世尊，如來藏者，非有我、人、眾生、壽者。如來藏者，身見有情，顛倒有情，空見有情，非所行境。

【釋義】 為避免眾生將如來藏看成是個體，所以說「**非我、非眾生、非命（生命力）、非人。**」這一點相當重要，否則因為有識境自顯現，便可能將如來藏的功德看成是成立個體，由是成立我、成立眾生、成立生命、成立人等等。

由是經言有三種眾生不識如來藏境界：「**墮身見眾生**」（指凡夫與外道）、「**顛倒眾生**」（指二乘行人）、「**空亂意眾生**」（指不知善取空而墮入惡取空的菩薩乘行人），由此可見如來藏的深密。這三種眾生的缺失，墮身見者誤於將如來法身建立為個體；顛倒者誤於將法身功德看成是識境的功能；空亂意者誤在不識善取空的「如實知有」，由是將如來藏視為外道見。

【劉宋譯】世尊，如來藏者，是法界藏、法身藏、出世間上上藏、自性清淨藏。此性清淨，如來藏而客塵煩惱上煩惱所染，不思議如來境界。

【唐譯】 世尊，如來藏者是法界藏，是法身藏，出世間藏，性清淨藏，此本性淨，如來藏者，如我所解，縱為客塵煩惱所染，猶是不可思議如來境界。

【釋義】 於說如來藏心後，即說自性清淨心（本性清淨心）。

建立如來藏為智識雙運界，便可說如來藏是「**法界藏**」，因為佛內自證智境即是法界，亦可名為法身，所以法界藏亦即「**法身藏**」。

以凡夫如來藏心而言，落於言說，此心可說為心的深細處，其性寂靜，恆常不變，所以稱為佛性，亦可以稱為法身，所以便是「**出世間上上藏**」。若無此心，凡夫成佛便須生起一個新的心性，那麼不同的凡夫成佛，便沒有可能生起同一個智境。如是成佛，便有各別不同的智。這不合道理，唯有是出世間藏，才能由心識轉依而成佛，轉依法爾智境，由是恆河沙數佛的內自證智境同一。

綜合而言便可以說如來藏本性清淨，因為法界清淨，法身清淨，出世間清淨。

經言：「**如來藏者，如我所解，縱為客塵煩惱所染，猶是不可思議如來境界。**」（依唐譯，劉宋譯有譯失）便是說本性清淨的如來藏心，雖受七轉識[9]煩惱所障，然而這些煩惱只有如客塵，如來藏心則未曾變易，猶是如來境界。

這樣說自性清淨心，是說如來藏的智境，雖有識境生起，然而識境卻不能污染智境。智境無變易，是智識雙運的本性。至於智識雙運的另一本性，識境與智境無異離，則前面的經文已說。

---

[9] 眼、耳、鼻、舌、身、意識及末那識。

【劉宋譯】 何以故？剎那善心非煩惱所染，剎那不善心亦非煩惱所染，煩惱不觸心，心不觸煩惱。

【唐譯】 何以故？世尊，剎那剎那善不善心，客塵煩惱所不能染，何以故？煩惱不觸心，心不觸煩惱。

【釋義】 這裡解釋如來藏心何以不受識境污染，那是由於「**煩惱不觸心，心不觸煩惱。**」因為不同住，所以便不觸。如來藏心住於解脫智所依處，煩惱則住於四住地及無明住地，住處不同。

【劉宋譯】 **云何不觸法而能得染心？世尊，然有煩惱有煩惱染心，自性清淨心而有染者，難可了知。唯佛世尊，實眼實智，為法根本，為通達法，為正法依，如實知見。**

【唐譯】 云何不觸法而能得染心？世尊，由有煩惱有隨染心，隨煩惱染難解難了，唯佛世尊為眼、為智、為法根本、為尊為導，為正法依，如實知見。

【釋義】 此處說煩惱不觸心而能染心，亦即說客塵何以能染如來藏心。這其實是說二乘行人的認知，因為他們認為心實受污染。根據這樣的認知，便有疑惑：二乘只知心識剎那剎那相續，既然是剎那剎那，即不應與煩惱相觸，由是才有煩惱不觸心，何以能染心的疑惑。

若依如來藏教法，如來藏心是恆常，因為法身恆常（意識則剎那剎那相續），恆常即不受染，更何況住地不同。然而說為受染，則實在是說受覆障，因為覆障的功能顯露，本性清淨如來藏心的功德則不顯露，心只一心，方便即可說為心受污染。其實如來藏心的智境並未受染，唯識境雜染。

經言：「**唯佛世尊，實眼實智，為法根本，為通達法，為正法依，如實知見。**」即說唯由佛內自證智，才能通達智境無變易，如實知見智境與識境雙運的境界。當知此境界時，即知智境無變易，識境無異離。

【劉宋譯】 **勝鬘夫人說是難解之法問於佛時，佛即隨喜：如是，如是。自性清淨心而有染污，難可了知。有二法難可了知，謂自性清淨心，難可了知，彼心為煩惱所染，亦難了知。如此二法，汝及成就大法菩薩摩訶薩乃能聽受，諸餘聲聞唯信佛語。**

【唐譯】 爾時，世尊歎勝鬘夫人言：善哉善哉，如汝所說，性清淨心隨煩惱染，難可了知。復次勝鬘，有二種法難可了知。何等為二？謂性清淨心難可了知，彼心為煩惱染亦難了知。如此二法，汝及成就大法菩薩乃能聽受，諸餘聲聞由信能解。

【釋義】 勝鬘夫人所說，世尊隨喜，說「**自性清淨心而有染污，難可了知。**」這即是說智識雙運境界難可了知。這樣又可以說為「**有二法難可了知**」，即是自性清淨心難可了知；自性清淨心為煩惱所染亦難可了知。這便是如來藏的深密處。

關於自性清淨心，如果理解為本性清淨心，那就比較容易理解。所謂本性，即是如來藏心本具的如來法身性。即如螢光屏影像所具的螢光屏性、鏡影所具的鏡性、水中月所具的水性，分別為影像、鏡影、月影的本性。

如來藏深密，所以只有成就大法菩薩才能信受如來藏的密意，二乘行人只能依佛語來信解，亦即只能依言說。

十四・如來真子

【劉宋譯】 若我弟子隨信、增上者，依明信已，隨順法智而得究竟。隨順法智者，觀察施設根意解境界、觀察業報、觀察阿羅漢隨眠、觀察心自在樂禪樂、觀察阿羅漢辟支佛大力菩薩聖自在通，此五種巧便觀成就。

於我滅後未來世中，我弟子隨信增上、依於明信、隨順法智，自性清淨心彼為煩惱染污而得究竟，是究竟者入大乘道因。信如來者，有是大利益，不謗深義。

【唐譯】 勝鬘，若我弟子增上信者，隨順法智，於此法中而得究竟。順法智者，觀根識境，觀察業報，觀羅漢眠、觀心自在愛樂禪樂，觀聲聞獨覺聖神變通，由成就此五善巧觀。

現在未來聲聞弟子，因增上信隨順法智，善能解了性清淨心煩惱所染而得究竟。勝鬘，是究竟者為大乘因，汝今當知信如來者，於甚深法不生誹謗。

【釋義】 如來藏難以了知，如來藏心更難信解，所以佛說，能於如來藏及如來藏心隨信、增上者即是佛的真子。

如來藏與如來藏心本為一事，周遍法界而說，是如來藏；若只就心識來說，則可說為如來藏心。如來藏心並不是由心別異建立，心只一心，並無別異，所以如來藏心可以說為本心。人因為受四煩惱住地力及無明住地力的影響，由影響力不見本心，因此才須要指出這本心的本質。本質即如來藏（即智識雙運境界），是故名之為如來藏心。

佛知道這樣深密的知見，絕非一般人所能理解，即使學佛的人亦難理解，因此鄭重指出，唯有認識如來藏與如來藏心的人，才能稱為佛的真子。倘若躭着於佛的言說而信佛說的人，因為不知道佛的密意，是故非為真子。

雖未現證如來藏及如來藏心，但對其能生勝解，這便是「**隨信**」；依信而作觀修，則是「**增上**」。這兩種人都可以稱為佛的真子，因為他們由明信而隨順法智，亦可得究竟。隨順法智即是作五種觀察，這是在觀修時修內觀的觀察。佛說觀察五種——

第一種是「**觀察施設根意解境界**」（唐譯為「**觀根識境**」）。其實這是說觀察意識。當眼、耳、鼻、舌、身五根起功能時，意識同時起功能，所觀察的便是這個意識。凡夫將這意識當成是心，將意識的剎那剎那變異當成是心智；外道將這意識當成是現量，因為現量所以真實；二乘與菩薩乘行人，將這意識定義為空性，而不知意識之外有空性所隱覆的真實，這些誤解都應該觀察。

第二種是「觀察業報」。業報難知，因為不是現作現報，所以如今許多自稱信佛的人，其實都不信業報。業報相續，分段生死追隨有漏法的業報，變易生死追隨無漏法的業報，是故都須觀察，尤其是無漏法的業報更加深密難知，連大力菩薩都未必信解，是即更應觀察。

第三種是「觀察阿羅漢隨眠」。聲聞乘有一部行人，認為煩惱即是隨眠，此隨眠與心相應；另有一部行人，認為隨眠是煩惱的眠伏狀態種子，與心不相應。這些認知都不究竟。菩薩乘的唯識宗不認為煩惱即是隨眠，定義隨眠為煩惱的習氣，成為種子潛伏於阿賴耶識。由於聲聞乘所知不究竟，所以未除習氣，阿羅漢因此亦有隨眠。對此隨眠亦須觀察，否則便不了知煩惱、隨眠、種子三者之間的關係，由是影響觀修，此如法執、宗見都可能成為隨眠。

第四種是「觀察心自在樂禪樂」。依對如來藏心的勝解，作抉擇、觀修、決定，更依決定見觀修時，即得心自在樂與禪樂。對此須加觀察，否則便可能由於決定見錯誤而成現證錯誤。此如二乘對四依的決定未究竟，因此他們的觀修便不能生起無邊功德；又如菩薩乘行人落於宗見，便不知有超越唯識的如來藏心，或不知如來藏心即是中道。

第五種是「**觀察阿羅漢、辟支佛、大力菩薩聖自在通**」。這些神通並非刻意修成，可以說是由觀修而得的副產品，所以須要觀察。若不觀察，則可能對這些「**聖自在通**」（聖者得自在的神通）生起執著，於是刻意追求，由是觀修即入歧途。

佛說這五種觀察，是為觀修如來藏的行人作指示，於內觀時應如是觀，由此即能現證自性清淨心。這五種觀察，其實即是觀察對現證自性清淨心的五種障礙。能知這五種觀察，才能得入一乘因。

【劉宋譯】 **爾時，勝鬘白佛言：更有餘大利益，我當承佛威神復說斯義。**

佛言：便說。

勝鬘白佛言：三種善男子、善女人，於甚深義離自毀傷，生大功德入大乘道。何等為三：謂若善男子、善女人，自成就甚深法智；若善男子、善女人，成就隨順法智；若善男子、善女人，於諸深法不自了知，仰惟世尊，非我境界，唯佛所知，是名善男子、善女人，仰惟如來。

除此諸善男子、善女人已，諸餘眾生，於諸甚深法，堅著妄説，違背正法，習諸外道，腐敗種子者，當以王力及天龍鬼神力而調伏之。

【唐譯】 爾時，勝鬘夫人白佛言：世尊，復有餘義能多利益，我當承佛威神之力，演説斯事。

佛言：善哉，今恣汝説。

勝鬘夫人言：有三種善男子、善女人，於甚深法離自毀傷，生多功德入大乘道。何等為三？若善男子、善女人等，能自成就甚深法智；或有成就隨順法智；或有於此甚深法中不能解了，仰推如來，唯佛所知非我境界。

除此三種善男子、善女人已，諸餘有情於甚深法，隨己所取執著妄説，違背正法，習諸外道，腐敗種子，設在餘方應往除滅彼腐敗者，一切天人應共摧伏。

【釋義】 勝鬘承佛所說，說三種人對正法能「**離自毀傷**」。此即能「**成就甚深法智**」者，能「**成就隨順法智**」者，雖未成就但能信佛密意者。

又說除此三種人外，餘眾都可能誹謗這甚深法，是即「**堅著妄說**」者，此如依照自己的理解，來誹謗自己定義的如來藏的人；「**違背正法**」者，此如執著宗見、執著自宗的道名言，於是由顛倒來否定真實的人；「**習諸外道**」者，此如認為可以由批判佛學而成立佛學的人；「**腐敗種子**」者，此如依人不依法、依語不依義、依識不依智、依不了義不依了義的人。對此種種人應加調伏，這便說明了宣揚如來藏教法的重要，亦即必須依辯證來理解佛的密意。

後分

十五・勝鬘獅子吼

【劉宋譯】 **爾時，勝鬘與諸眷屬頂禮佛足。佛言：善哉，善哉。勝鬘，於甚深法方便守護，降伏非法，善得其宜，汝已親近百千億佛，能説此義。**

【唐譯】 勝鬘夫人説是語已，與諸眷屬頂禮佛足。時佛世尊讚言：善哉，勝鬘，於甚深法方便守護，降伏怨敵，善能通達，汝已親近百千俱胝諸佛如來，能説此義。

【釋義】 佛說守護本經的功德有如「親近百千億佛」，是故能說經義，即是說甚深清淨自性心義。

【劉宋譯】 **爾時，世尊，於勝光明普照大眾，身昇虛空高七多羅樹，足步虛空還捨衛國。時勝鬘夫人與諸眷屬，合掌向佛觀無厭足，目不暫捨，過眼境已，踴躍歡喜，各各稱歎如來功德，具足念佛，還入城中，向友稱王稱歎大乘。城中女人七歲已上，化以大乘，友稱大王，亦以大乘化諸男子七歲以上，舉國人民皆向大乘。**

【唐譯】 爾時，世尊放勝光明普照大眾，身昇虛空高七多羅量，以神通力足步虛空，還舍衛城。時勝鬘夫人與諸眷屬，瞻仰世尊目不暫捨，過眼境已，歡喜踊躍，遞共稱歎如來功德，一心念佛，還無鬪城，勸友稱王建立大乘，城中女人七歲已上，化以大乘，友稱大王亦以大乘化諸男子七歲已上，舉國人民無不學者。

【釋義】 說佛身升虛空，足步虛空，即顯示「自在」。如來法身自在，如來法身功德亦自在。所謂自在即無有障礙，是故用升空、步空來表義。

說如來藏教法，令七歲以上女人、七歲以上男子都能入一乘。在後來亦曾兌現，據後來多羅那他所說，龍樹弟子龍召（Ācārya Nāgāhvāya）即曾教授如來藏經，令城中小孩亦能唱頌，這便是由教導而入一乘教法。

【劉宋譯】 **爾時，世尊入祇桓林，告長老阿難，及念天帝釋，應時帝釋與諸眷屬，忽然而至住於佛前。爾時，世尊向天帝釋及長老阿難，廣說此經，說已告帝釋言：汝當受持讀誦此經，憍尸迦，善男子、善女人，於恆沙劫修菩提行，行六波羅蜜。若復善男子、善女人，聽受讀誦乃至執持經卷，福多於彼，何況廣為人說。是故憍尸迦，當讀誦此經為三十三天分別廣說。復告阿難，汝亦受持讀誦，為四眾廣說。**

【唐譯】 爾時，世尊入逝多林，告尊者阿難及念天帝，時天帝釋與諸眷屬，應念而至住於佛前。爾時，世尊告帝釋言：憍尸迦，汝當受持此經演說開示，為三十三天得安樂故。復告阿難，汝亦受持，為諸四眾分別演說。

【釋義】 世尊囑咐阿難及帝釋，受持本經，說受持功德大於無數劫「修菩提行」、「行六波羅蜜」。這便等於說三轉法輪的如來藏教法，超越二轉法輪的般若法門。

其實深般若波羅蜜多亦即是如來藏教法，因為深般若即說空義隱覆真實，由是說不二法門。文殊師利菩薩所演說的不二法門，即是甚深空義，亦可以說是如來藏。因此從密意來說，深般若、不二法門、如來藏實在三無分別，只是所用的道名言不同。

【劉宋譯】 時天帝釋白佛言：世尊，當何名斯經，云何奉持？

佛告帝釋：此經成就無量無邊功德，一切聲聞緣覺不能究竟觀察知見。憍尸迦，當知此經甚深微妙大功德聚，今當為汝略說其名，諦聽諦聽，善思念之。

時天帝釋及長老阿難白佛言：善哉，世尊，唯然受教。

佛言：此經歎如來真實第一義功德，如是受持；不思議大受，如是受持；一切願攝大願，如是受持；說不思議攝受正法，如是受持；說入一乘，如是受持；說無邊聖諦，如是受持；說如來藏，如是受持；說法身，如是受持；說空義隱覆真實，如是受持；說一諦，如是受持；說常住安隱一依，如是受持；說顛倒真實，如是受持；說自性清淨心隱覆，如是受持；說如來真子，如是受持；說勝鬘夫人師子吼，如是受持。

【唐譯】 時天帝釋白佛言：世尊，當何名斯經，云何奉持？

佛告天帝：此經成就無邊功德，一切聲聞獨覺力不能及，況餘有情。憍尸迦當知，此經甚深微妙大功德聚，今當為汝略說其名，諦聽諦聽善思念之。

時天帝釋及尊者阿難白佛言：善哉，世尊，唯然受教。

佛言：此經讚歎如來真實功德，應如是持；說不思議十種弘誓，應如是持；以一大願攝一切願，應如是持；說不思議攝受正法，應如是持；說入一乘，應如是持；說無邊諦，應如是持；說如來藏，應如是持；說佛法身，應如是持；說空性義隱覆真實，應如是持；說一諦義，應如是持；說常住不動寂靜一依，應如是持；說顛倒真實，應如是持；說自性清淨心煩惱隱覆，應如是持；說如來真子，應如是持；說勝鬘夫人正獅子吼，應如是持。

【釋義】 釋迦說本經是「**甚深微妙大功德聚**」，由是「**略說其名**」。然而釋迦所說十五事，雖可以統名之為「**勝鬘夫人獅子吼**」，其實所說，環環相扣，顯示悟入如來藏的脈絡。

現在我們將這十五事依次倒過來理解——

1・「勝鬘夫人獅子吼」此名，即是說能演說甚深微妙大功德聚。

2・能作此演說，必須是如來真子。若是如來真子，定能明信如來藏心，隨順法智，知如來法身及其真實功德。

3・能知如來藏心及如來法身，即應先知自性清淨心被空義隱覆。

4・欲知自性清淨心隱覆，便須要知道何謂顛倒，何謂真實。說自性清淨心是全經的歸結，是即真實，其餘隱覆真實義的名言，可以說都是顛倒。由是本經即說顛倒、真實。

5・能一依，才能理解顛倒、真實的密意，所謂一依，即依一諦，亦可以說是依真實諦。

6・一諦即是滅諦（具名「苦滅諦」），四諦中只有這一諦是出世間諦，所以為一依所依。

7・要了知滅諦，即先須了知空義隱覆真實，亦即先須了知善取空。如若不然，便可能連真實都空掉，這樣便失去中道，而且誹謗真實，所以經中於此便善說空義。

8・要了知真實，便即是要了知如來法身，因此於說空義隱覆真實之前，先說如來法身。

9・建立如來藏，即是建立智境與識境雙運。若不知佛內自證智境，即不可能對法身生正見。因此在說法身之前，須先說如來藏。

10・如來藏即由無邊聖諦建立，所以說如來藏之前，先說無邊聖諦。

11・不入一乘，即不知無邊聖諦，是故先說一乘。

12・不攝受不思議正法，即不能入一乘，是故先說攝受正法。

13・攝受正法之前，須發大願，願正法能於世間生起功德。

14・攝受正法之前，須發大受。大受與大願不同，大受有如誓言，行者必能辦到；大願則只是願望，能否成辦，還受眾生的共業影響。

15・大受、大願實由如來真實功德引發，所以本經開端即說四種如來真實功德，亦即如來藏的四德，樂、常、我、淨。

【劉宋譯】 **復次，憍尸迦，此經所說斷一切疑，決定了義入一乘道。憍尸迦，今以此說勝鬘夫人師子吼經，付囑於汝，乃至法住受持讀誦，廣分別說。**

帝釋白佛言：善哉，世尊，頂受尊教。

時天帝釋、長老阿難、及諸大會天人、阿修羅、乾闥婆等，聞佛所說，歡喜奉行。

【唐譯】 復次，憍尸迦，此經所說斷一切疑，決定了義入一乘道。憍尸迦，今以所說勝鬘夫人獅子吼經，付囑於汝，乃至法住，於十方界開示演說。

天帝釋言：善哉，世尊，唯然受教。

時天帝釋、尊者阿難，及諸大會天人、阿修羅、健闥婆等，聞佛所說，皆大歡喜，信受奉行。

【釋義】 此段為囑咐，全經圓滿，願吉祥。

離言叢書04

《勝鬘師子吼經密意》

作　　者　談錫永
主　　編　談錫永
美術編輯　李　琨
執行編輯　莊慕嫺
封面設計　張育甄
出　　版　全佛文化事業有限公司
訂購專線：(02)2913-2199
傳真專線：(02)2913-3693
匯款帳號：3199717004240 合作金庫銀行大坪林分行
戶名／全佛文化事業有限公司
全佛文化圖書網址：www.buddhall.com
全佛門市：覺性會館・心茶堂／新北市新店區民權路88-3號8樓
門市專線／(02)2219-8189
行銷代理　紅螞蟻圖書有限公司
台北市內湖區舊宗路二段121巷19號（紅螞蟻資訊大樓）
電話：(02)2795-3656
傳真：(02)2795-4100
製　　版　瑞豐實業股份有限公司

初版一刷　2013年12月
初版二刷　2022年01月
定　　價　新台幣340元
I S B N　978-986-6936-81-4(平裝)

國家圖書館出版品預行編目資料

勝鬘師子吼經密意 / 談錫永著：
-- 初版. -- [新北市]：全佛文化, 2013.11
面；　公分. -- (離言叢書；04)

ISBN 978-986-6936-81-4(平裝)

1.方等部
221.721　　102022278

Published by BuddhAll Cultural Enterprise Co.,Ltd.

BuddhAll

All is Buddha.

BuddhAll.

BuddhAll